意外と知らない栃木県の歴史を読み解く！

栃木「地理・地名・地図」の謎

篠崎茂雄
Shigeo Shinozaki

JIPPI Compact

実業之日本社

はじめに

栃木県はよく「影が薄い」といわれる。「地域ブランド力調査」によれば、四七都道府県中四一位（二〇一三年）と下位に甘んじており、県の魅力度の低さが問題視されている。しかも毎年のように隣県の茨城《いばらき》県や群馬《ぐんま》県と下位を争い、県民のなかにはそれを自慢げに語る人さえいる。諦《あきら》めとも、自虐《じぎゃく》的ともいえるこの感情こそが、栃木県民の個性といえる。

それはさておき、今から二〇年ほど前、当時の栃木県知事が「とかいなか」というキャッチフレーズで、全国に栃木県をアピールしていたことを覚えている人はいるだろうか。東京のような大都会ではないが、かといってそれほどの田舎でもない。つまりは都会の便利さと、田舎の魅力を併せ持つ栃木県の魅力を表現した言葉である。

じつは栃木県は、日本のなかでも極めて平均的な県なのだ。面積と人口（平成一七年国勢調査）は、ともに全国二〇位とほぼ中位。気候は内陸性の気候ゆえに寒暖の差はあるものの、それほど暑くはなく、かといって寒くもない。したがってリンゴもミカンもとれる。また致命的な自然災害は少なく、山あり、川あり、平野あり。ないのは海ぐらいである。

江戸時代には小藩に分かれ、しかもその多くは領主がたびたび変わった。したがって、文化的にも強烈な個性を発揮することもなく、数百年もの時が流れた。それでも地域の特産物を江戸に運ぶことで、また東北地方の玄関口として発展してきたことからわかるように、自然環境的にも、社会環境的にも常に栃木県は恵まれていた。

普通にやっていればそれなりの生活ができ、無理にアピールをしなくても何とかやっていける。そうした日々の営みが今日の栃木県の県民性を形作ってきたのではないだろうか。

時代は変わり、現在、栃木県では「無名有力県から有名有力県へ」を合言葉に、県のイメージアップに力を入れている。観光地として世界的に知られる日光はもちろん、栃木、足利《あしかが》、那須《なす》などの歴史遺産や自然遺産を生かした地域づくり、佐野ラーメン、宇都宮餃子《うつのみやぎょうざ》、イチゴなど全国に誇る農水産物と食文化、結城紬《ゆうきつむぎ》や益子《ましこ》焼などの伝統工芸品、そして烏山《からすやま》の山あげ祭りや鹿沼今宮《かぬまいまみや》神社祭りの屋台行事といった各地の祭礼など、栃木県には優れた資源がたくさん眠っている。栃木県は魅力あふれる県なのだ。

そうした栃木県の魅力について、「地理・地名・地図」を切り口にまとめたのが本書である。本書は栃木県に関心のある人はもちろん、栃木県に住んでいる人でも知らないようなトピックを満載している。一人でも多くの方々に読んでいただき、栃木県をますます好きになってもらえれば幸いである。

篠崎茂雄

【目次】

第一章 「地図」に浮き出た栃木の謎

第二章　「交通事情」からみる栃木の姿

第二章　「歴史」に隠された栃木の秘密

第四章　栃木の「名所・珍スポット」を巡り楽しむ

第五章 「気候風土」で栃木のフシギを探る

第六章 「地名」が語り伝える栃木のルーツ

カバーデザイン・イラスト／杉本欣右
本文レイアウト／Ｌｕｓｈ！
本文図版／イクサデザイン

第一章
「地図」に浮き出た栃木の謎

栃木県と茨城県の県境に建つ、摩訶不思議な神社がある！

栃木県と茨城県の県境に位置する鷲子山《とりのこさん》（標高四七〇メートル）の山頂に、一風変わった神社がある。鷲子山上《とりのこさんしょう》神社だ。

八〇七（大同《だいどう》二）年に地元（現・栃木県那珂川《なかがわ》町矢又《やまた》）の大蔵坊宝珠上人によって創建された歴史のある神社で、日本神話「天岩戸《あまのいわと》」にも登場する天日鷲命《あめのひわしのみこと》を祭神としている。

境内に一歩足を踏み入れると、日本一の大フクロウ像や不苦労御柱《ふくろうおんばしら》、水かけフクロウの石像など、フクロウにまつわるものがたくさん置かれている。フクロウは「不苦労」「福老」「福来朗」に通じるというところから、フクロウが幸運を招く神の鳥として崇敬されているのだ。

フクロウのほかに国土経営・健康開運の神である大己貴命《おおなむちのみこと》や、医療・酒造の神である少彦名命《すくなひこなのみこと》も併せて祀《まつ》られており、ご利益に預かりたいという人が全国各地から訪れる。

鷲子山上神社には、こうしたご利益以外にも注目すべき点がある。それは立地だ。なんとこの神社は、栃木県と茨城県の県境にまたがって建っているのである。

※栃木・茨城両県の間に建つ鷲子山上神社

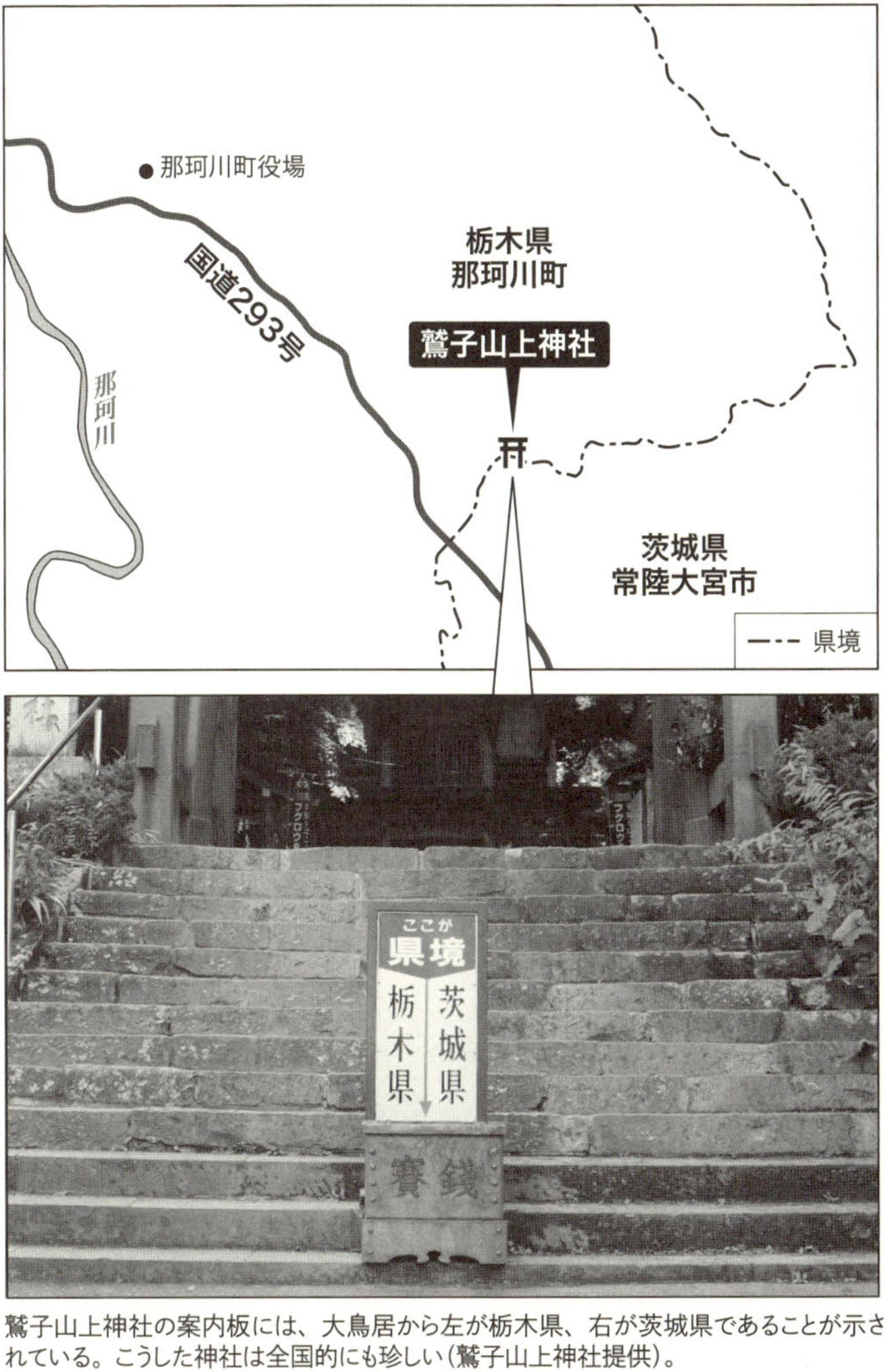

鷲子山上神社の案内板には、大鳥居から左が栃木県、右が茨城県であることが示されている。こうした神社は全国的にも珍しい（鷲子山上神社提供）。

たしかに、大鳥居前階段下の案内板には、大鳥居のちょうど真んなかが県境であり、そこから左が栃木県、右が茨城県だと書いてある。本殿や随神門《ずいしんもん》、拝殿《はいでん》、幣殿《へいでん》もすべて県境線上にある。さらに社務所も二つ設けられていて、宮司も二人いる。いったいなぜ、このような不思議な立地になっているのだろうか。

県境に建つことになった複雑な経緯とは？

古来、山頂には神が宿るとされてきたため、しばしば神社が建てられた。また、国境は山や川などの地形によって定められることが多いので、山頂が県境になることもそれほど珍しくなかった。しかしながら、県境のちょうど真んなかに神社が建っているのは、全国的にも極めてまれである。

社伝によると、当初、鷲子山上神社は朝日嶽《あさひだけ》（現在本宮《ほんぐう》がある場所）に創建され、一五五二（天文《てんぶん》二一）年に鷲子山の山頂に移された。その地は下野国《しもつけ》（栃木県）と常陸国《ひたち》（茨城県）の国境だった。

国境の地ゆえに、神域をおさめる領主も時代によって変化した。当初は下野国の中央部に勢力を有した宇都宮《うつのみや》氏の支族である武茂《むも》氏が統治していたが、戦国時代には常陸国の豪族の佐竹氏、江戸時代には水戸徳川家の領地となった。そして明治時代に栃木と茨城の県境が決められたとき、鷲子山上神社は両県の県境線上にのってしまったのだという。

県境にまたがって建つという特異な立地は、過去にいくつかの問題をもたらした。たとえば、周辺の自然の帰属問題があげられる。

鷲子山は、一九八三（昭和五八）年に「二一世紀に残したい日本の自然一〇〇選」に選ばれたほど自然の豊かな山。この自然を栃木と茨城どちらの県が所有するのかが問題になったのだ。ただし、これによって両県の関係が悪化することはなく、協議の結果、ともに力を合わせて鷲子山上神社を盛り立てていこうということになった。

また、一九九〇（平成二）年には本殿や随神門などが県の文化財の指定を受ける話がもち上がったが、このときも最終的には栃木・茨城両県がともに文化財指定を行っている。

警察関係についても同じようなことがいえる。鷲子山上神社の栃木県側は那珂川町、茨城県側は常陸大宮市が警備にあたり、お正月などの混雑時には両県の警察が協力して警備するのである。神社側も普段は栃木県にゴミを出し、催しなどの際には茨城県に分けて出すなど、臨機応変に対応しているという。二〇〇七（平成一九）年には、栃木・茨城両県の協力のもとに、鷲子山上神社鎮座一二〇〇年記念事業が行われた。

帰属問題というと、対立がつきものである。しかし、神の前では人間の縄張り意識も消えてしまうのか、両県の協力的な姿勢によって、対立は回避されているのだ。

渡良瀬遊水地の湖底には村がひとつ沈んでいる!?

栃木県と埼玉県、群馬県、茨城県の四県の県境には、「渡良瀬《わたらせ》遊水地《ゆうすいち》」という面積三三平方キロメートル（東京ドームの約七〇〇倍）もの巨大な湿原が広がっている。

遊水地の大半は「ヨシ原」と呼ばれるイネ科の草の群生地で、植物約一〇〇〇種、鳥類約二六〇種、昆虫類約一七〇〇種、魚類約五〇種もの動植物が生息。これほど大規模のヨシ原は全国でも珍しく、二〇一二（平成二四）年には湿地の自然生態系の保護を目的とするラムサール条約湿地に登録された。周辺にはスポーツゾーン、湖ゾーン、史跡保全ゾーンといったさまざまな施設が整備されており、夏には花火大会も開催される。

また、遊水地の南端にはハート型の貯水池・谷中《やなか》湖がある。四・五平方キロメートルの面積に二六四〇万立方メートルの水を貯めることができ、その水は生活用水や農業用水として利用されたり、水不足を解消するために使われている。

この谷中湖の底に、じつは村がひとつ沈んでいる。ここには明治時代まで谷中村という村があったのだが、人為的に沈められてしまったのである。

※明治時代の谷中村とその周辺

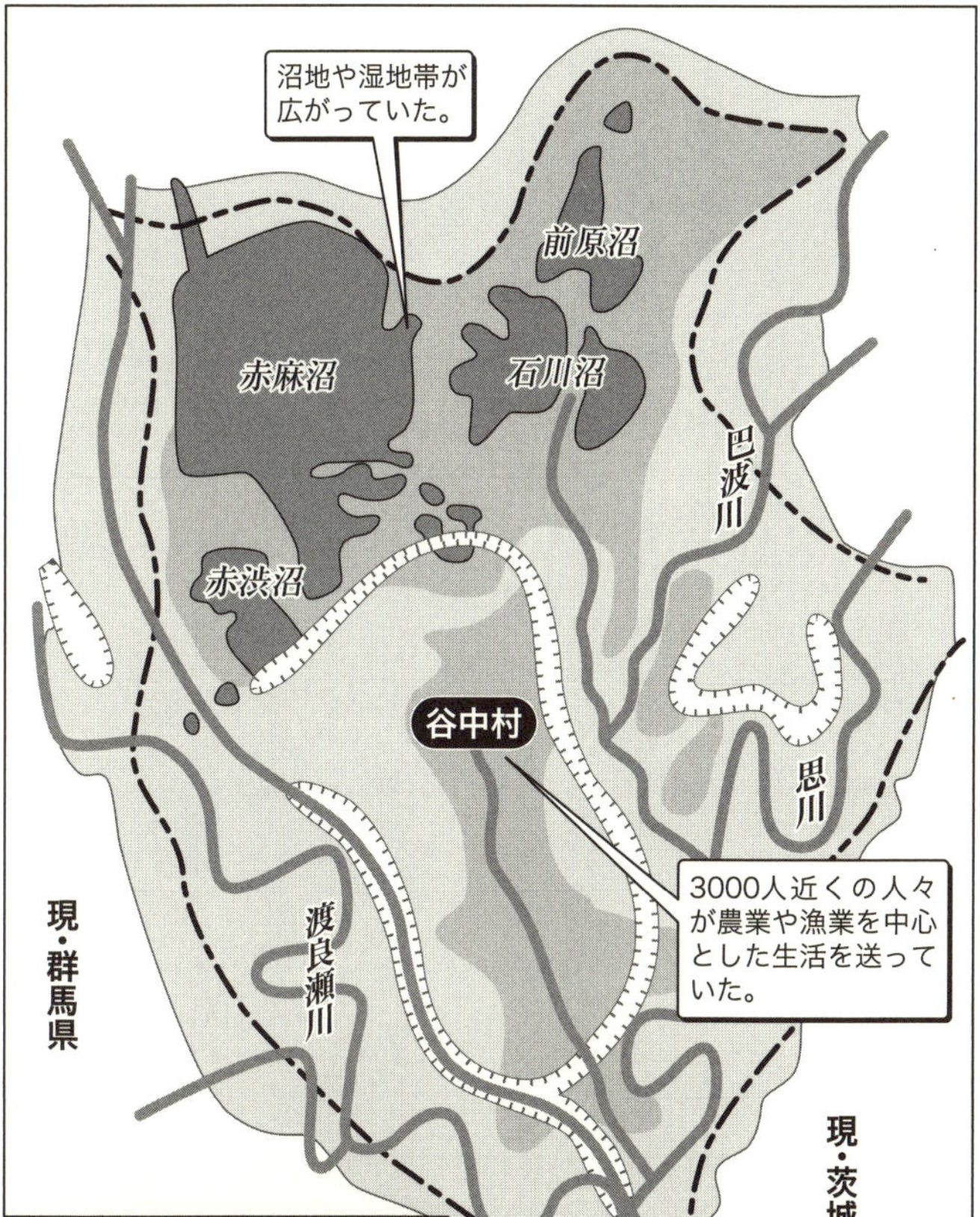
沼地や湿地帯が
広がっていた。
前原沼
赤麻沼
石川沼
赤渋沼
巴波川
谷中村
思川
3000人近くの人々
が農業や漁業を中心
とした生活を送って
いた。
渡良瀬川
現・群馬県
現・茨城県
現・埼玉県
現在の渡良瀬遊水地の範囲
堤防

上空から見た現在の渡良瀬遊水地。
ハート型をしているのが谷中湖

公害を防ぐため村が犠牲に……

谷中湖を含む渡良瀬遊水地がつくられることになったのは、一八九〇（明治二三）年八月と一八九六（明治二九）年九月に起きた渡良瀬川の大洪水がきっかけだった。

もともとこの一帯は、渡良瀬川、思川《おもい》、巴波川《うずま》に挟まれた軟弱な地盤の湿地や沼地が広がる地域だった。当然、水害を受けやすく、二度の大洪水でも被害をこうむっていた。そこで河川を管轄していた栃木県と政府は、一九〇二（明治三五）年に洪水被害を防ぐための遊水池を建設する計画を立てた。

だが、その計画は洪水対策のためだけではなかった。じつは二度の大洪水の際に、渡良瀬川上流に位置する足尾《あしお》銅山から流れ出した鉱毒の被害が明らかになっており、鉱毒を沈殿させるためにも、遊水池を建設することが必要とされたのである。

足尾銅山の鉱毒被害は、一八八五（明治一八）年頃から渡良瀬川の下流で魚が大量死するといった兆候が出はじめ、一八九〇（明治二三）年八月の大洪水では、稲が腐り、桑が枯れるなど厳しさを増した。さらに一八九六（明治二九）年九月の大洪水では、そうした被害が栃木・群馬両県だけでなく、東京や千葉にまで広がってしまう。

このとき、鉱毒被害を訴え、足尾銅山に激しく抗議したのが、栃木県佐野《さの》市出身の田中《たなか》正造《しょうぞう》だった。一八九〇（明治二三）年に第一回衆議院議員選挙に出て当選した正造は、議会で鉱毒問題を取り上げた。これがきっかけで、足尾銅山鉱毒事件は日本全国に知れ渡ることになったのである。

正造は足尾銅山の操業停止を訴えて鉱毒反対運動を続けた。しかし、当時の足尾銅山は殖産興業《しょくさんこうぎょう》政策の一環として大きな利益を生み出していたため、政府は反対運動を弾圧。正造は議員を辞して明治天皇への直訴《じきそ》まで行ったが、結局、銅山の操業停止を実現することはできなかった。

そうしたなか、栃木県と政府は一九〇二（明治三五）年に遊水池の建設を決定する。その候補地とされたのが谷中村だ。

谷中村の住民は県による土地買収工作に屈せず、反対運動を繰り広げた。しかし、県の動きは次第に激しさを増していき、一九〇五（明治三八）年秋頃から買収工作に応じて移住する村民が増えはじめる。翌一九〇六（明治三九）年には谷中村が藤岡《ふじおか》町と合併・廃村となった。その後も残っていた村民たちは家々を破壊されるなど強制的に立ち退きを迫られ、ついには村の大部分が谷中湖の底に沈められることになったのだ。

かくして谷中村は歴史の闇に消えた。水没をまぬがれた村の遺跡は、遊水地周辺の「史跡保全ゾーン」に残されており、ここを訪れると当時の歴史を知ることができる。

那須の秘湯・三斗小屋温泉が飛び地になってしまったワケ

栃木県の北部にはさまざまな温泉が点在している。「関東の奥座敷」と称される鬼怒《きぬ》川・川治《かわじ》温泉、文人墨客《ぶんじんぼっかく》に愛された塩原《しおばら》温泉、平家落人《へいけおちうど》の里とされる湯西川《ゆにしがわ》温泉など、温泉好きならご満悦間違いなしの温泉どころだ。

それらのなかに、知る人ぞ知る秘湯が存在する。県の北端、福島県との境界にそびえる那須岳の西側斜面に位置する三斗小屋《さんどごや》温泉だ。

三斗小屋の名前の由来については、この地が標高約一五〇〇メートルもの高所にあり、牛を用いても三斗（「一斗」は約一五キログラム）の米を運ぶのが精一杯だったからとか、三斗小屋へ運ぶ米俵《こめだわら》は三斗が一俵《ぴょう》（「一俵」は約六〇キログラム）とされたからなど諸説いわれている。いずれにせよ、容易にたどり着けないことからつけられた名前であることがわかる。

実際、三斗小屋温泉までたどり着くには大きな苦労をともなう。まず那須ロープウェイで山頂駅へ行き、そこから最短でも二時間の登山ルートを歩かなければならない。はじめ

※飛び地にある三斗小屋温泉

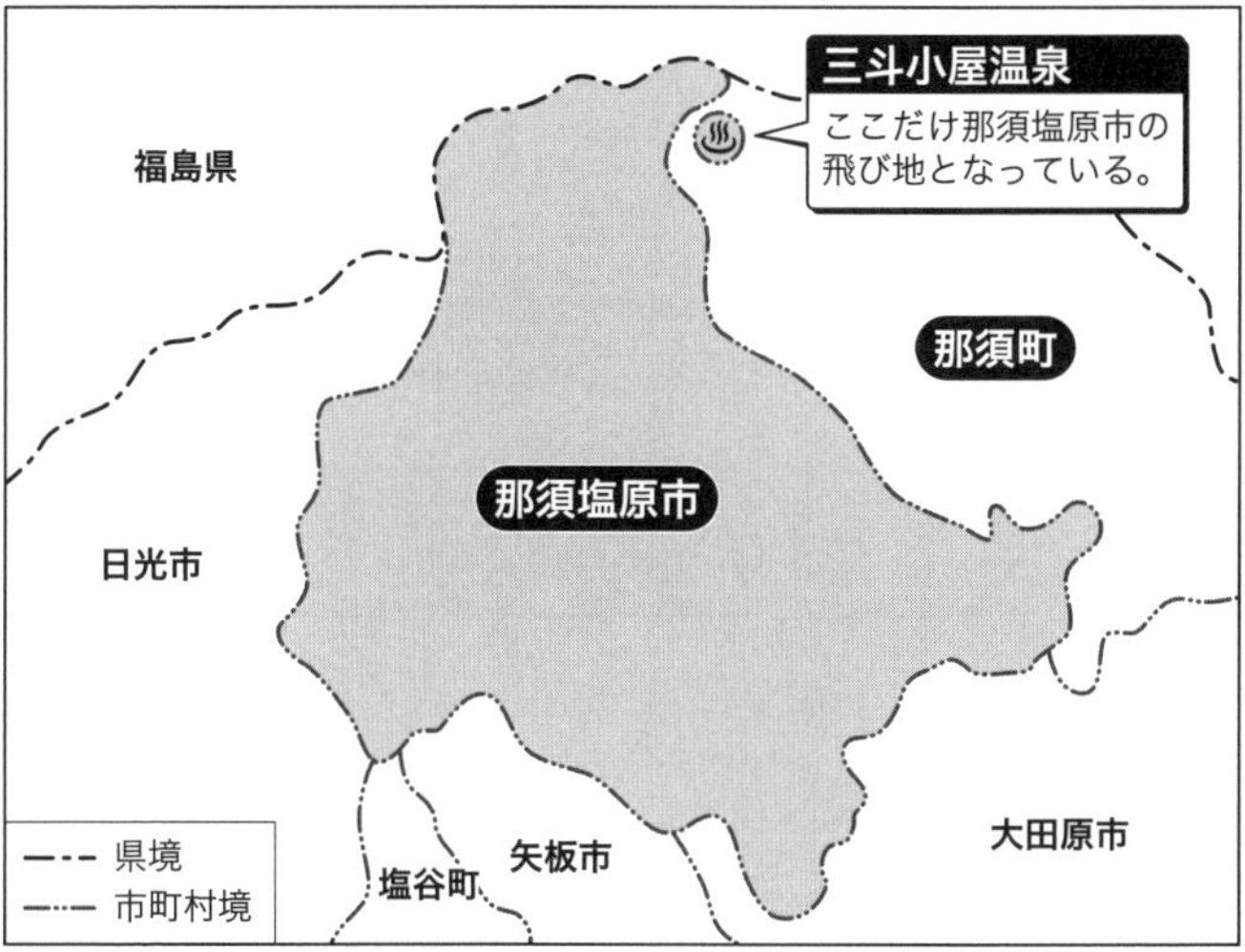

て訪れる人は、あまりの辺鄙《へんぴ》さに腰を抜かすことだろう。しかも、宿には水道や電気が通っていない。飲料水は湧き水を利用し、電気は自家発電となっている。

　三斗小屋温泉が発見されたのは一一四二（康治《こうじ》元）年のこととされ、一六九五（元《げん》禄《ろく》八）年に会津《あいづ》中街道が開かれると旅人や山岳信仰の行者《ぎょうじゃ》たちでにぎわうようになった。だが、それも長くは続かず、次第に寂《さび》れていく。それでも一八六九（明治二）年までは五軒の宿が営業していたが、現在営業しているのは二軒だけ（営業期間は冬季を除く四月から一一月にかけてのみ）。まさに秘湯中の秘湯といえるだろう。

　そんな秘湯を求めて地図を広げた人は、三斗小屋温泉が飛び地になっていることに気づくはずだ。三斗小屋温泉の所在地は那須塩原市《なすしおばら》だが、周りをすべて那須町に囲まれているのである。歴史のある温泉地なのに、なぜ飛び地になってしまったのだろうか。

三斗小屋温泉がある土地は、明治時代中頃まで板室村《いたむろ》（現・那須塩原市）に属していた。この板室村が一八八九（明治二二）年に、以前から結びつきの強かった高林村《たかばやし》（現・那須塩原市）と合併したため、三斗小屋温泉も高林村の一部となった。

ところが、高林村と隣接する那須村（現・那須町）との村境があいまいだったために、トラブルが起こる。高林村と那須村の代表者は会議を開き、村境を決めようとしたものの、両者とも譲らなかった。結局、参加者の数で勝っていた那須村側が押し切り、三斗小屋温泉だけを残して、周囲の山林はすべて那須村側のものとされてしまったのである。

その後、高林村は一九五五（昭和三〇）年一月に黒磯町《くろいそ》や鍋掛村《なべかけ》などと合併して黒磯町となり、一九七〇（昭和四五）年には黒磯市に昇格、さらに二〇〇五（平成一七）年一月には西那須野町、塩原町と合併して那須塩原市となった。

一方、那須町でも何度か合併案が議論されたが、結局はみな立ち消えとなった。そのため、三斗小屋温泉はずっと飛び地のまま残され続け、現在に至るのである。

とはいえ、最近は飛び地であることがアピールポイントのひとつになる。飛び地の秘湯というウワサを聞きつけ、三斗小屋温泉を訪れる飛び地マニアも少なくないという。

どうしてこうなった!? 埼玉県内にポツンとたたずむ飛び地「下宮区」

栃木県の南端に位置し、群馬県、埼玉県、茨城県の四つの県境にまたがる渡良瀬遊水地。この遊水地周辺を詳細な地図（25ページ）で見ると、谷中湖を隔てた埼玉県側に、栃木県の飛び地があることに気づくだろう。

その半円形の飛び地の住所は、栃木県栃木市藤岡町下宮《したみや》地区。面積は四・二ヘクタールで、東京ドーム一個分にも満たない。住民も一二世帯三四人しかいない（二〇一四年四月現在）、小さな小さな集落だ。

住所は栃木県でも、栃木県との間には谷中湖が立ちはだかっている。栃木県内に入るには谷中湖の中央を通る道を利用すればよいのだが、その道は自動車が通れないくらい狭いため、利用する人は少ない。自動車で栃木県に行こうと思えば、隣接する埼玉県を経由するしかないのである。

交通面だけでなく、生活面や行政面でも不便が多い。歩いて行ける距離に栃木県の小学校や中学校がないので、子どもは隣接する埼玉県加須《かぞ》市の学校に越境して通わなければならない。中学校を卒業すると、多くの子どもは埼玉県の高校を受験するが、埼玉の県立高校は越境入学希望者とほかの受験生を別々の教室に分けて試験を受けさせるため、疎外感を感じるという。

水道は埼玉県加須市から引かれている。電話番号の市外局番や郵便番号も、電話の基地局や郵便局の配達の都合で加須市と同じになっている。

一方、住民が税金をおさめるのは栃木県栃木市で、ゴミの収集なども栃木市が担当している。救急車は住民の要請によって数年前から埼玉県側から来るように変わったが、それまでは栃木県旧藤岡町から派遣されていた。埼玉県側からなら三分で到着するところを一五分もかけてやって来たというから、いかに非合理的かわかるだろう。

こうした状況だから、下宮地区の住民はみな埼玉県に生活の基盤を置いている。栃木県に行くのは、役所に用があるときくらいしかないという。

下宮地区が飛び地になった原因は、渡良瀬遊水地がつくられたことにある。

一九世紀末、下宮地区は栃木県の谷中村に属していた。しかし、一九〇二（明治三五）年に渡良瀬遊水地の建設が決まると、谷中村の大部分が谷中湖の水底に沈むことになった。このとき、谷中湖の堤防の外に位置していた下宮地区は水没をまぬがれたが、谷中湖ができたことにより、栃木県の飛び地となってしまったのである。

※栃木県の飛び地・下宮地区

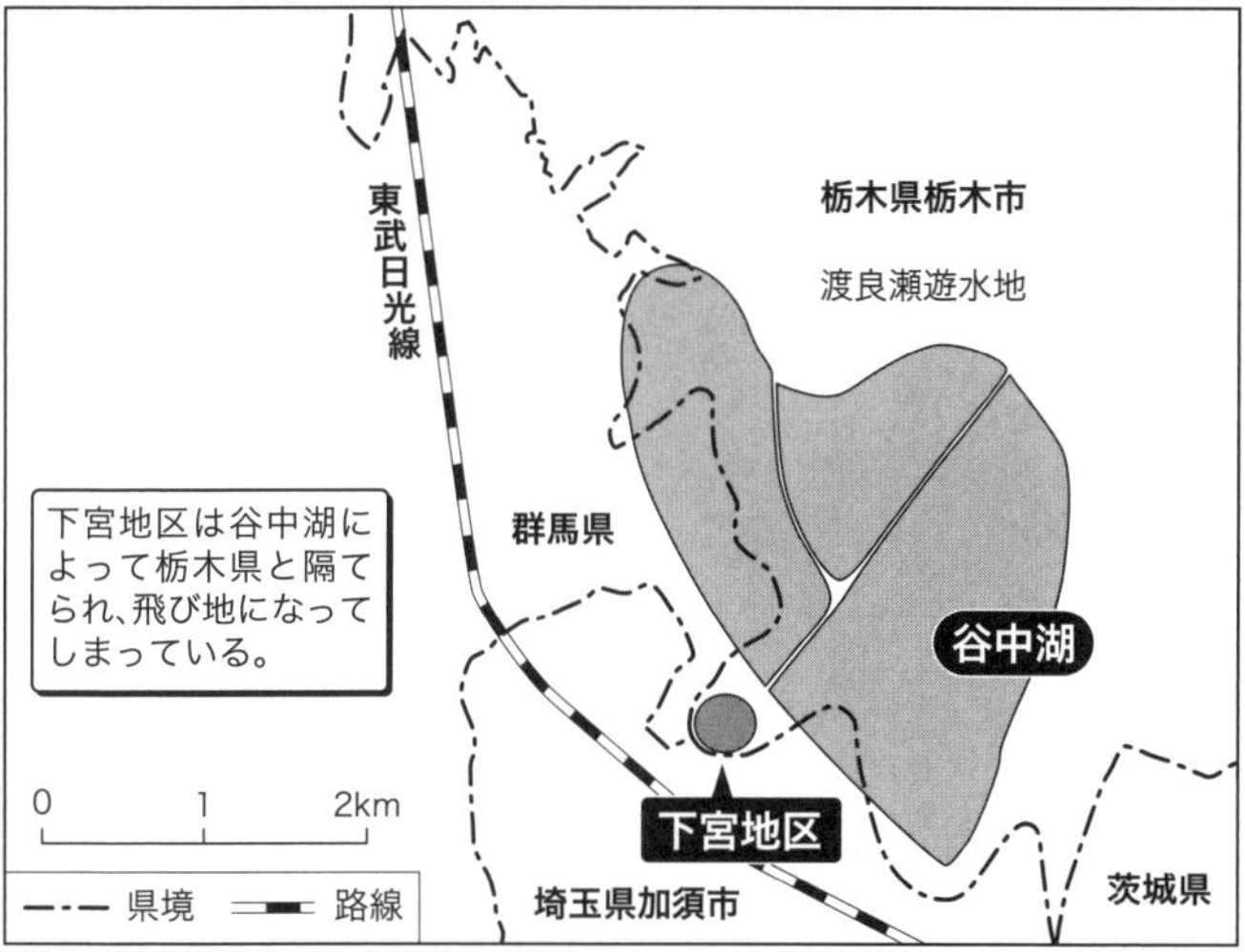
東武日光線
栃木県栃木市
渡良瀬遊水地
群馬県
下宮地区は谷中湖によって栃木県と隔てられ、飛び地になってしまっている。
谷中湖
0
1
2km
下宮地区
埼玉県加須市
茨城県
県境
路線

それ以来、下宮地区の住民は埼玉県に生活の基盤を置く栃木県民として暮らし続けてきた。だが近年、下宮地区は埼玉県への編入を目指して動きはじめている。二〇一〇（平成二二）年三月、藤岡町が栃木市と合併し、下宮地区のすぐ隣に位置する旧北《きた》川辺《かわべ》町と加須市が合併する計画が持ち上がったとき、下宮地区の住民は加須市議会に働きかけ、加須市への編入を希望する陳情書を栃木市議会に提出したのだ。

だがその後、事態は進展していない。県境の変更には、栃木・加須両市の議会の議決に加え、栃木・埼玉両県の議決、さらに総務省による告示が必要となり、簡単に事が運ばないのだ。結局、県境の変更は当面見合わせとなったまま、現在に至っている。

那須野が原に国会を！　栃木県は今も国会誘致をあきらめていない！

栃木県の北部を車で走っていると、「那須野が原に国会を！」という看板を目にすることがある。最近はかなり数が少なくなったが、かつてはこうした看板や横断幕があちこちで見られた。若い人のなかには、このスローガンの意味がよくわからない人がいるかもしれないが、これは文字どおり、「那須野が原に国会などの首都機能を誘致しよう」という栃木県の一大プロジェクトである。

一九九〇年代、日本では首都機能移転論が盛り上がっていた。首都機能移転とは、災害などに備えて東京一極集中を是正し、立法・行政・司法の三権の中枢機能を東京圏外に移そうというプランを意味する。一九九二（平成四）年には「国会等の移転に関する法律」が成立するなど、首都機能の移転計画が次第に現実味を増していった。

移転先候補地として浮上したのは、栃木・福島地域、岐阜・愛知地域、三重・畿央《きおう》地域など。そのなかで一六の評価項目の総合点で最高点を獲得し、トップの評価を得たのが栃木・福島地域だった。

※国会などの移転候補地

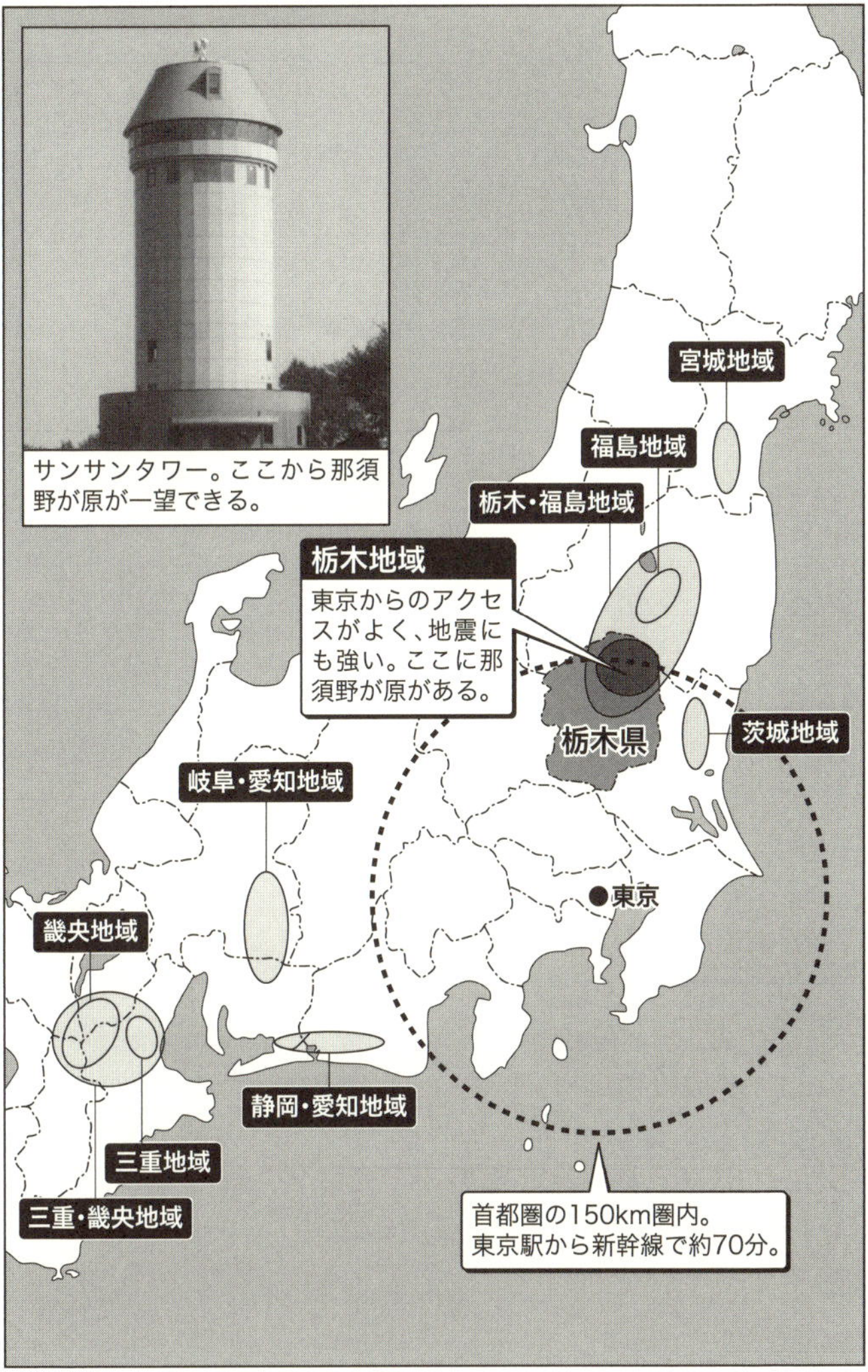
サンサンタワー。ここから那須野が原が一望できる。
宮城地域
福島地域
栃木・福島地域
栃木地域
東京からのアクセスがよく、地震にも強い。ここに那須野が原がある。
栃木県
茨城地域
岐阜・愛知地域
東京
畿央地域
静岡・愛知地域
三重地域
三重・畿央地域
首都圏の150km圏内。
東京駅から新幹線で約70分。

栃木・福島地域の中心となる那須は、首都圏の一五〇キロメートル圏内に位置し、新幹線なら東京駅から那須塩原駅まで約七〇分、自動車なら東北自動車道で約二時間、福島空港へも自動車で約四〇分と、アクセスは抜群によい。また、景観の魅力があり、災害にも強い。そうした点が高く評価されたのである。

栃木県は行政をあげて誘致活動に取り組み、冒頭のような看板を掲げるなどして首都機能移転を広く県民にPRした。

盛り上がっていたのは栃木県民だけ、というわけでもない。移転議論が華やかなりし頃には、国や関係自治体からの視察がひっきりなしに訪れていた。県は那須塩原市（当時は西那須野町）にある那須野が原公園の高台にサンサンタワーを建てて彼らを案内し、その眼前に広大な移転候補地を見せたりもした。

サンサンタワーとは、東京タワーの高さ三三三メートルにあやかって、三三・三メートルの高さにした展望塔で、五階の展望室からは広大な那須野が原を一望できる。まさに首都機能移転の象徴というべき塔だった。

ところが、国の財政難や東京都の反対などで、国会での協議は二〇〇五（平成一七）年一〇月を最後に行われなくなってしまった。最近は国会移転を実現すべく発足した県民会議への負担金が廃止されたり、首都機能移転対策室として立ち上げていた専従部署が担当へと格下げされるなど、首都機能移転に向けた県の動きは以前に比べて下火になりつつある。

災害に対する強さで再びアピール！

しかしそれでもまだ、栃木県は首都機能移転をあきらめてはいない。栃木県のホームページには、首都機能移転のコーナーが今なお残されている。そしてそこには栃木県に首都機能が移転してきたときの都市構想論が、しっかりと掲載されているのである。山々を背景に国政が運営される国会都市・那須のイメージ図を見れば、「もしや……」という気になってくるはずだ。

また、二〇一一（平成二三）年三月に東日本大震災が起きたとき、那須は地震に強い土地であることを改めて証明することになった。これによって栃木県の経済人たちは、「首都機能移転論が再燃した際には、いつでも対応する」と息まいているという。

栃木県は、那須地域のシンボルである那須岳を背景に国会議事堂が建ち、都市の中央に森を創造する新首都をイメージしている。実現するかどうかはともかく、那須のようなのどかで美しい環境で国会運営が行われれば、今よりもおおらかな政治が行われるようになるのかもしれない。

自県にないならお隣に……茨城県につくられた栃木県の海

日本は海に囲まれた島国である。しかし、それでも海のない「海なし県」が八つ存在する。群馬県、埼玉県、山梨県、長野県、岐阜県、滋賀県、奈良県、そして栃木県だ。

海があれば、夏は毎日のように近くの海水浴場で水泳や磯遊びが楽しめるが、海なし県の子どもたちは川やプールで我慢しなければならない。そうした栃木県の子どもたちを見るに見かねて（?）、栃木県知事は隣の茨城県知事と交渉し、海辺の土地を獲得。そこに海に接することができる施設をつくってしまった。いわば、飛び地の海である。

その施設は「とちぎ海浜自然の家」という栃木県立の大きな合宿施設で、茨城県鉾田《ほこた》市にある。「栃木県の子どもたちに海の自然や海にかかわる産業・文化などに触れる機会を提供する」というコンセプトの元につくられた施設であるため、基本的には栃木県民しか利用できない。ただし例外として、施設のある鉾田市旧旭村の人々には門戸が開かれている。これは土地を提供してくれていることに対する〝お礼〟といったところだろうか。

施設は最大四〇〇人が宿泊可能で、どの部屋からも太平洋を一望できる。また、大小二

とちぎ海浜自然の家では砂浜遊びや磯遊びをはじめ、釣りや地引き網なども体験可能。
栃木県内ではできない海の楽しみを満喫できる（とちぎ海浜自然の家提供）。

つのプールと体育館のほか、サッカーができるスポーツ広場や大アスレチック広場、テニスコート、キャンプサイトなど、いろいろな娯楽施設が備えられている。

栃木県の小学生は五年生になると臨海学校でとちぎ海浜自然の家を訪れ、海辺の自然と触れ合う。周辺の海は遊泳禁止区域に指定されているため泳ぐことはできないが、ロープの内側なら波遊びができるようになっている。

はじめて海に触れる子どもや波を怖がる子どももいる。しかし、大半の子どもは青く広い海を見てはしゃぎ回るという。

海を求めて隣県まで進出する栃木県。栃木県民の海に対する思いは、他県民の想像以上に強いのだ。

足利市や佐野市の両毛地区は、なぜ群馬扱いされるのか？

栃木県は、関東地方で最も面積が大きい。それだけにさまざまな特色があり、地域によっては、同じ県内でも雰囲気がまったく違っていたりする。

とくに県央《けんおう》（宇都宮市を中心とする県の中央部）や県北《けんぽく》（大田原《おおたわら》市や那須塩原市を中心とする県の北部）の住民に異質感を抱かせるのが、足利《あしかが》市や佐野市のある南西部だ。このあたりは群馬県の太田《おおた》市や桐生《きりゅう》市などとの結びつきが強いため、栃木県に属していながらまるで群馬県のような雰囲気を醸し出しているのである。

そもそも栃木県南西部（足利市、佐野市）は、群馬県南東部（太田市、桐生市、館林市、みどり市など）とともに「両毛《りょうもう》」と呼ばれ、古くから同じ経済圏・文化圏を築いてきた。それは地理的な理由による。

栃木県南西部は栃木県の中心地である宇都宮地域から遠く、群馬県南東部も群馬県の中心地である前橋《まえばし》・高崎《たかさき》地域から遠い。つまり、どちらも県の中央との関係が薄いぶん、県を超えた近くの都市同士で関係性を濃くしたというわけだ。中学生が県立高校に越境入学するのを認めたり、救急医療体制を一体化できるのも、昔からの強い結びつきがあるからこそである。

こうした地域性を知ると、栃木県南西部の特異性がよく理解できるだろう。ただし、この地域のなかでも足利市の〝異端児〟ぶりは群を抜いている。

足利市は三方を群馬県に囲まれた場所に位置し、宇都宮方面に出るよりＪＲ両毛線や東武伊勢崎線を使って群馬県の太田市や高崎市、前橋市へ出るほうが近い。そのため足利市民は、買い物に行くにも遊びに行くにも群馬県に出かける。それは通勤者も同じで、たくさんの住民が足利市内から群馬県下最大の工業都市である太田市へと通勤している。

また、足利市では栃木県内では異質な「足利弁」と呼ばれる方言が話されている。これはアクセントのない栃木なまりとは異なり、群馬なまりとの共通点が多いといわれる。

さらに平成の大合併の際には、足利市と太田市を合併して「両毛市」を誕生させようという構想もち上がった。結局、この構想は実現せず立ち消えになってしまったが、両市の結びつきの強さを物語るエピソードといえるだろう。

このように、足利市は栃木県ではなく群馬県の色合いが濃い。そのため、県内の他地域の住民から「ほぼ群馬」などと揶揄《やゆ》されることも多く、県全体として一体感に欠けるといわれる要因のひとつとされることがある。

県境の村をめぐって争った栃木県と群馬県の激しいバトルの顛末は？

栃木県南西部（足利市、佐野市）と、群馬県南東部（太田市、桐生市、館林《たてばやし》市、伊勢崎《いせさき》市など）からなる「両毛地域」は、別々の県ながら、極めて結びつきが強い。そのため昭和時代には、栃木県と群馬県の間で「越県合併」が行われたこともある。しかもそれは、交換条件で成立するという、全国でも例をみない非常に珍しい合併だった。

時は昭和二〇年代後半にさかのぼる。当時、日本では行政事務の効率化のために町村合併が全国規模で進められていた。いわゆる「昭和の大合併」である。

この昭和の大合併の際に合併の気運が盛り上がったのが、当時、栃木県足利郡に属していた菱《ひし》村である。

菱村は、栃木県とは山を隔てたところに位置していた。一方、群馬県桐生市とは桐生川を挟んで向かい合っており、歴史的にも生活圏としても桐生市との関係が強かった。そのため、昭和の大合併以前から桐生市との合併を望んでいた。

この菱村の要望を受け入れることは、群馬県としてはなんら問題なかった。人口や土地

※県を越えて合併した二つの村

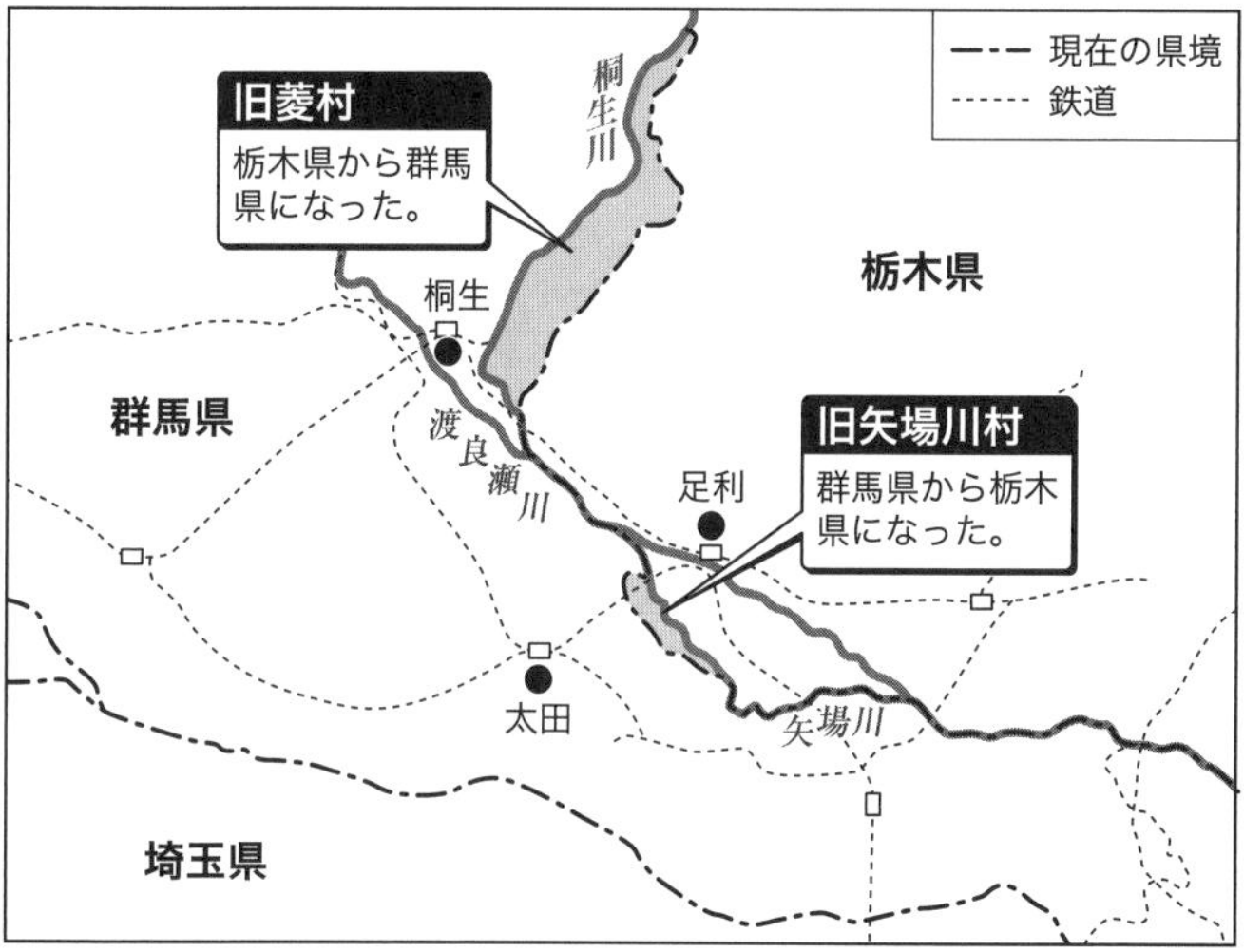

が増えれば、財政基盤も強化できると踏んだからだ。

県をまたいでの合併だけに簡単ではなかったが、一九五三（昭和二八）年に町村合併促進法が施行されると菱村の住民による合併運動が活発化。群馬県の後押しもあり、一九五九（昭和三四）年一月に菱村の桐生市編入が行われた。

ところが、栃木県は〝タダ〟で菱村を手放したわけではなかった。栃木県は菱村の桐生市合併を承認する代わりに、群馬県矢《や》場《ば》川《がわ》村の栃木県編入を求めたのである。

矢場川村は矢場川を挟んで足利市と接する小規模な農村で、生活や通勤面などで足利市との結びつきが強かった。そのため、足利市との合併を望む住民が多かったとされる。

しかし、群馬県としてはそう簡単に認められるわけがない。自分たちは菱村の合併のために苦労を積み重ね、やっと合併の承認を得た。それに対し、栃木県側は交換条件という安易な方法で合併を求めてきたからだ。しかも、菱村は住民の総意で合併を望んだが、矢場川村は足利市への合併を求める住民だけでなく、同じ群馬県内の毛里田《もりた》村、休泊《きゅうはく》村との三村合併を求める住民もおり、意見は割れていた。

群馬県は矢場川村の合併は認めない立場を取り続けた。だが、事態は総理大臣の勧告を受ける問題にまで発展してしまい、合併を認めざるを得ない状況に追い込まれていく。

一九五九（昭和三四）年、この問題は町村合併調整委員会の審議にかけられ、翌年には「矢場川村の矢場《やば》・大町《おおまち》・荒金《あらかね》・植木野《うえきの》字飯堀《あざいいほり》を足利市に編入する」との調停案が出される。つまり、ここに提示された矢場川村の地域は、足利市への合併意向が強い地域で、提示されなかった地域は、そのまま群馬県にとどまるという内容だった。

この調停案を、群馬県はしぶしぶながら承認する。かくして菱村が群馬県に編入された翌年の一九六〇（昭和三五）年七月、矢場川村の一部が栃木県足利市へ編入合併され、全国でも極めてまれな交換条件での合併が成立したのである。

日光市が巨大化したことで県民みんながこうむったデメリットとは？

「影が薄い」と揶揄《やゆ》される栃木県にあって、抜群の知名度を誇るのが日光《にっこう》だ。日光は日光東照宮《とうしょうぐう》など世界遺産の社寺を有する日本有数の観光地で、ネームバリューは非常に高い。他県には「栃木県は知らないが、日光は知っている」という人も多い。

その日光市について、栃木県民にもあまり知られていないことがある。それは面積の大きさだ。じつは現在の日光市は、全国三位の面積を誇る巨大な市なのである。

二〇〇六（平成一八）年までの日光市は、人口約一・六万人、面積三二〇平方キロメートルの小規模な市だった。しかし同年三月の市町村合併で、日光市、今市《いまいち》市（二四三平方キロメートル）、藤原《ふじわら》町（二七二平方キロメートル）、足尾《あしお》町（一八五平方キロメートル）、栗山村（四二七平方キロメートル）の五市町村が一気に合併。これにより、日光市の面積は一四四九・八七平方キロメートル、県面積の約四分の一を占めるまでに巨大化した。

全国市町村の面積ランキングを見ると、日光市よりも大きいのは岐阜県高山《たかやま》市（二一七七・六七平方キロメートル）と静岡県浜松《はままつ》市（一五五八・〇四平方キロメートル）の二つしかない。全国三位、関東地方では最大の市である。

この合併は、旧日光市以外の四つの市町村に「日光ブランド」という恩恵をもたらした。たとえば、旧今市市の商品でも日光の冠をつけて売り出すことができるようになった。また、足尾銅山を抱える旧足尾町は、二〇一一（平成二三）年の原発事故による観光客の落ち込みを、日光ブランドの力によって回復することができたといわれている。

だが一方で、合併によるメリットはあまりないとの声もある。たとえば旧藤原町には「日光江戸村」というテーマパークがあるが、ここは日光市になる前から日光の名を冠しており、以前から日光のネームバリューの恩恵を受けていた。なるほど、このような場合は合併によるメリットはそれほどないのかもしれない。また、旧今市市の住民からは、合併前より市民サービスが悪くなったとの声も漏れ出ている。

もうひとつ、合併によって栃木県民全体がこうむったデメリットがある。それは、「日光の手前」という県民の誰もが一度は使ったことのあるギャグが使いにくくなってしまったことだ。そもそも「日光の手前」とは「イマイチ」であることを意味する。旧今市市は、県の中心から見ると日光の手前に位置するので、「日光の手前だね」といえば、「今市」＝「イマイチ」という意味になる。この栃木県定番のギャグが今市市がなくなったことで使いにくくなり、落胆した県民が大勢いるといわれている。

※県の４分の１を占める巨大な市となった日光市

日光市の領域
市町村合併により、全国3位の面積に。
福島県
旧栗山村
旧藤原町
旧日光市
旧今市市
旧足尾町
群馬県
宇都宮市
茨城県
埼玉県
県境
市境
町村境

全国市町村面積ランキング

	市町村	面積（km²）
1	岐阜県高山市	2177.67
2	静岡県浜松市	1558.04
3	栃木県日光市	1449.87
4	北海道北見市	1427.56
5	静岡県静岡市	1411.93

祝・さくら市誕生！　その裏で栃木県の地図に大きな変化が……

一九九九（平成一一）年から政府主導ではじまった「平成の大合併」により、栃木県でも多くの市町村合併が進んだ。那須塩原市、さくら市、那須烏山《なすからすやま》市、下野《しもつけ》市、那珂川《なかがわ》町は、平成の大合併の流れのなかで、新たに誕生した自治体だ。

このうちさくら市は、二〇〇五（平成一七）年に県の北部に新設された市。この市ができたことで、栃木県の地図が大きく変化した。塩谷《しおや》郡が分断されてしまったのである。

もともと塩谷郡は現在の矢板《やいた》市、那須塩原市、日光市の一部を含む巨大な郡だった。それが少しずつ分裂し、二〇〇五（平成一七）年三月の時点では塩谷町、高根沢《たかねざわ》町、氏家《うじいえ》町、喜連川《きつれがわ》町の四つとなっていた（栗山村と藤原町は日光市との合併に合意済み）。その四つのうち氏家町と喜連川町が合併して同年三月二八日にさくら市となったため、塩谷郡が真っ二つに割れてしまったのだ。

さくら市ができる前、四町は隣接する矢板市との合併を検討していた。しかし、高根沢町には宇都宮市や芳賀町との合併を望む人々がおり、矢板市との合併案から離脱。残りの

※二つに分裂してしまった塩谷郡

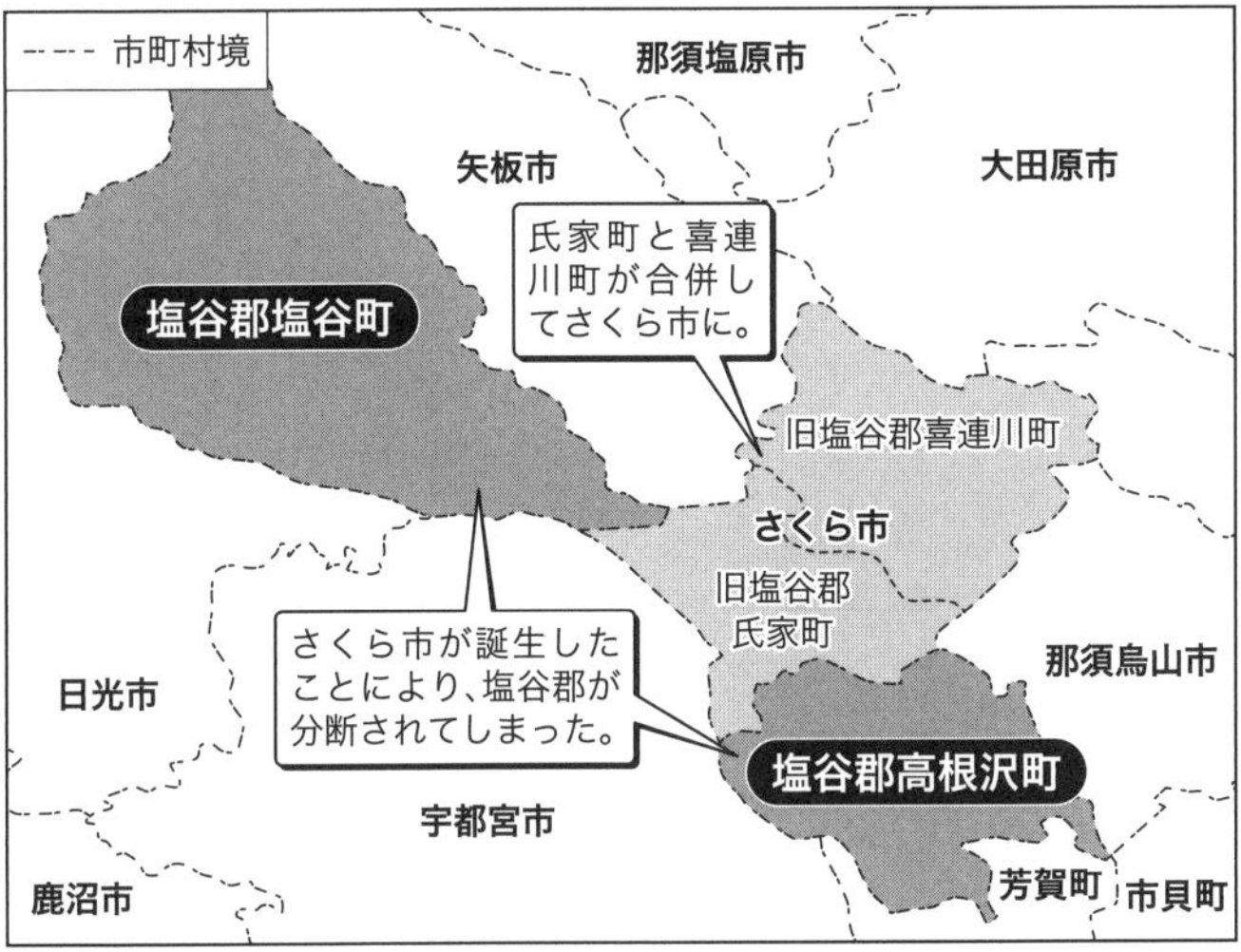

市町村境
那須塩原市
矢板市
大田原市
氏家町と喜連川町が合併してさくら市に。
塩谷郡塩谷町
旧塩谷郡喜連川町
さくら市
旧塩谷郡氏家町
さくら市が誕生したことにより、塩谷郡が分断されてしまった。
那須烏山市
日光市
塩谷郡高根沢町
宇都宮市
芳賀町
市貝町
鹿沼市

三町と矢板市との合併案も、矢板市が編入合併を望んだのに対し、氏家町が対等合併にこだわったため、実現に至らなかった。

そうしたなか、氏家町は隣接する喜連川町との合併を決め、さくら市が誕生。一方、高根沢町と宇都宮市の合併案や、塩谷町と矢板市の合併案は進展をみなかった。結果、高根沢町と塩谷町は同じ塩谷郡でありながら飛び地状態になってしまったのである。

ただ、こうした状況になっても、住民に不便はない。郡には市町村のような役所はないし、〝郡会議員〟なども存在しない。同じ塩谷郡とはいえ、塩谷町と高根沢町はそれぞれ独自の行政単位で動いている。それゆえ住民は以前と同じように暮らしていられるのである。

伸び悩む栃木ＳＣの観客動員数その原因を地図で読み解く！

栃木県は地方にしては珍しく、プロスポーツチームを四つも抱えている。バスケットボールの「リンク栃木ブレックス」、アイスホッケーの「ＨＣ栃木日光アイスバックス」、自転車ロードレースの「宇都宮ブリッツェン」、そしてサッカーの「栃木ＳＣ」だ。

リンク栃木は二〇〇七（平成一九）年の創設。日本人唯一のＮＢＡ経験者である田臥勇《たぶせゆう》太《た》が加入すると、〇九～一〇シーズンにはＪＢＬで初優勝をはたした。田臥効果に加えて地道な営業活動が実を結び、リンク栃木の人気はすっかり定着。一三～一四シーズンにはＮＢＬ一二チームで唯一平均入場者数二〇〇〇人を達成するなど、大成功をおさめている。

アイスバックスは一九二五（大正一四）年に設立された名門・古河《ふるかわ》電工アイスホッケー部を母体にした市民クラブ。資金難で経営危機に追い込まれたこともあったが、サッカー解説者のセルジオ越後《えちご》氏をシニアディレクターに迎えるなどして立て直しをはかり、アジアリーグナンバーワンの観客動員数を維持している。

ブリッツェンは二〇〇八（平成二〇）年に創設された日本初の地域密着型自転車ロード

レースチーム。ブリッツェンとは「稲妻が輝く」という意味のドイツ語で、雷都・宇都宮に由来する。宇都宮市では毎年一〇月に国内外の名選手が参加する「ジャパンカップサイクルロードレース」が開催され、一〇万人もの観客を集める。そのなかでひときわ大きな声援を受けるのがブリッツェンの選手たちだ。

栃木ＳＣは「栃木教員サッカークラブ」として発足した。その後、教員主体のチームから一般社会人選手にも門戸を広げ、二〇〇〇シーズンからＪＦＬに参加。〇八年にはキャプテンの佐藤《さとう》悠介《ゆうすけ》を中心にリーグ二位の成績をおさめ、悲願のＪリーグ昇格をはたした。Ｊ２リーグでは、初年度こそ一八チーム中一七位と苦杯をなめたが、その後は九〜一一位と中位を維持している。とくに三年目の一一シーズンは、前半戦で首位争いを演じ、夏場に圧倒的格上の存在であるＦＣ東京にホームで完勝するなど、ファンを熱狂させた。

栃木ＳＣには近い将来、Ｊ１昇格の期待がかかる。しかし、それには経営問題をクリアしなければならない。クラブの財務は赤字が続き、二〇一二年度にはついに債務超過に陥った。一四年度に債務超過解消のメドは立ったものの、財務が脆弱なままだと有力選手を獲得できないし、練習環境もよくならない。事態はかなり深刻なのだ。

財務状況をよくするには、本拠地・グリーンスタジアム（グリスタ）の観客動員をアップさせることが至上命題となる。動員数を上げるために、クラブは広報活動に力を入れている。サポーターも街頭でビラ配りをするなど、関係者はみなそれなりに努力している。しかし、その効果は思ったほど出ていない。〇九シーズンからの一試合あたりの平均観客数をみると、約四五〇〇人。グリスタの最大収容人数は約一万五五〇〇人だから、三分の一も入っていないのだ。なぜ、栃木SCの観客動員は上がらないのか。そこにはさまざまな理由があるが、ひとつには地理的な問題もあげられる。

もともと栃木県にプロサッカーチームを創設しようという動きが起こったのは、他県に比べて遅かった。その間に、県内の熱心なサッカーファンは、浦和レッズや鹿島アントラーズなど、近県の人気チームのサポーターになってしまっていたのだ。

また、栃木県では野球人気が根強い。県内の野球好きの大半は巨人のファンで、「弱い栃木SCよりも〝常勝〟巨人軍のほうがいい」という風潮になっている。

グリーンスタジアムの立地問題も大きい。地元のファンは自動車で来場するからとくに問題ないが、公共交通機関を利用する人は別だ。最寄りの宇都宮駅からはシャトルバスが運行されているものの、本数が少ないため、近場の人気チームとの試合ではバスが来るまで数十分待たなければならないといったケースが多々あるのだ。実際、アウェイチームのサポーターからはクラブに多数の苦情が寄せられている。財政をよくし、J1昇格を実現するためには、こうした問題を解消していかなければならない。

第二章
「交通事情」からみる栃木の姿

日本初の駅弁が生まれたのは、なんと宇都宮駅だった！

鉄道の旅では、電車の出発前に買う「駅弁」も楽しみのひとつだ。車窓から景色を眺めながら、その土地土地の地の幸《さち》や特産品を使ってつくられた駅弁を食べる。これぞ鉄道旅行の醍醐《だいご》味《み》といえるだろう。

駅弁発祥の地については、大阪の梅田駅説、兵庫の神戸駅説など諸説いわれているが、関東地方で有力視されているのが宇都宮《うつのみや》駅説である。

宇都宮駅といえば、県都・宇都宮市の玄関口で、一八八五（明治一八）年七月一六日開業と、県内では最も古い。開業当時は国鉄でもJRでもなく、日本初の私鉄である日本鉄道の駅だった。その宇都宮駅が駅弁発祥の地だというのだ。

実際、一九五八（昭和三三）年発行の社団法人日本鉄道構内営業中央会の書物には、「日本鉄道が上野―宇都宮間に開通したとき、宇都宮駅で白木屋《しろきや》という旅館（のちの白木屋ホテル）がひとつ五銭《せん》で駅弁を販売した」と記されている。

そもそも宇都宮駅で弁当が売られることになったのは、日本鉄道の幹部が白木屋に勧め

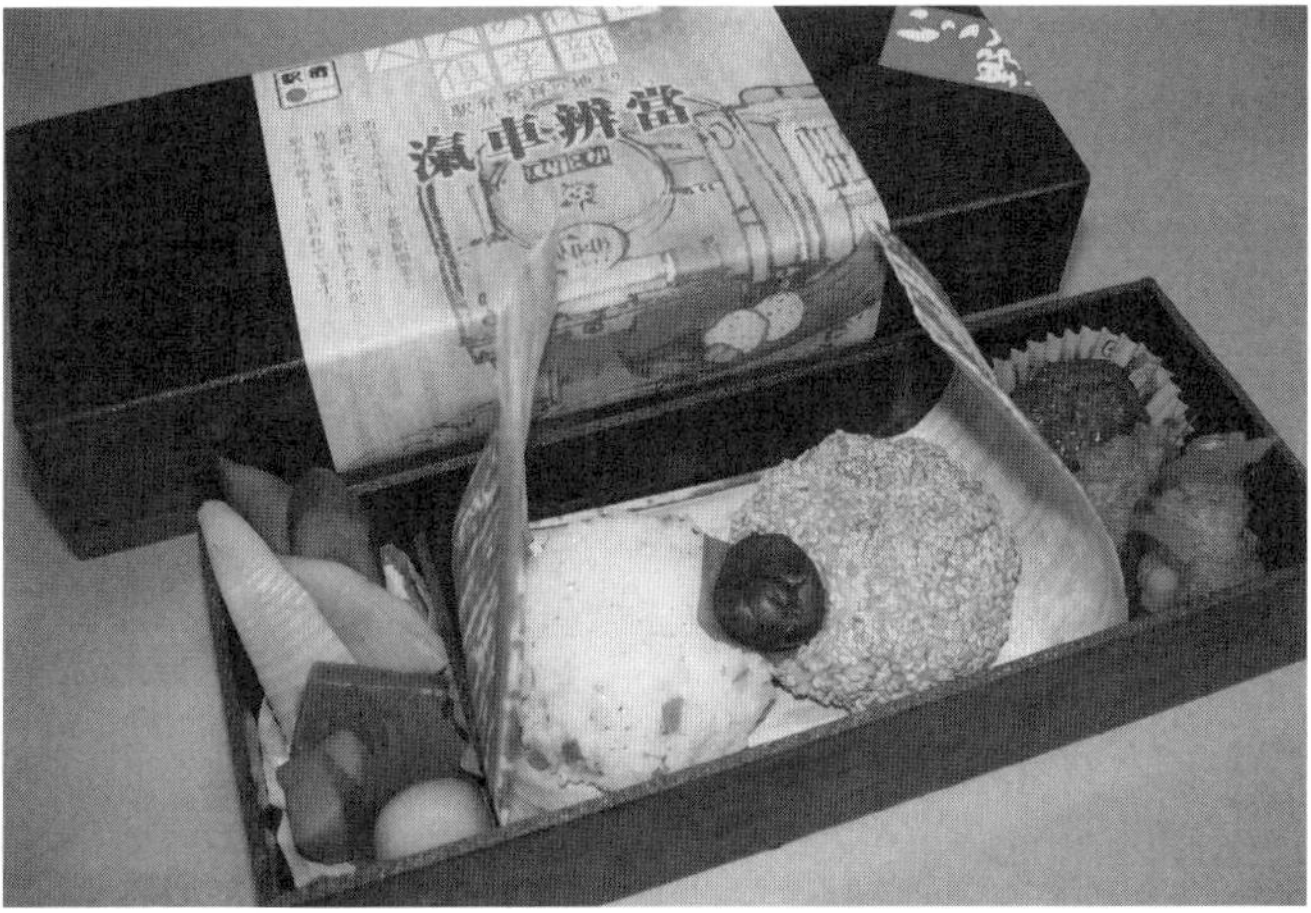

松廼家がJR宇都宮駅で販売している「瀛車辨當」。ゴマ塩おにぎり2個を竹皮で包んだ日本初の駅弁をモチーフに作られている（駅弁松廼家提供）。

たからだといわれている。

宇都宮駅の建設中、日本鉄道の幹部たちはたびたび現地視察に訪れた。そのとき定宿にしていたのが宇都宮駅前の旅館白木屋で、彼らは白木屋に宇都宮駅で弁当を売ることを熱心に勧めた。それを受け、白木屋は鉄道開通と同時に「瀛車辨當《きしゃべんとう》」という名の弁当を売りはじめたというのである。日本最初の鉄道が新橋—横浜間を走ってから、わずか一三年後のことだった。

日本初の駅弁の気になる中身は？

では当時、宇都宮駅で売り出された駅弁は、どのような内容だったのだろうか。

日本初の駅弁の気になる中身は、いたっ

てシンプル。ゴマを振りかけた梅干し入りのおにぎり二つとたくあん二切れを、竹の皮で包んだだけのものだったという。当時の物価を正確にはかるのは容易ではないが、かけそば一杯が一銭で売られていたことを考えると、おにぎり二個にたくあん二切れで五銭というのはなかなかの高級弁当といえるだろう。そんな高級弁当を、風光明媚《ふうこうめいび》な光景を見ながら食べるのは、さぞかし贅沢《ぜいたく》なひとときだったに違いない。

最近では駅の内外に飲食店ができたり、電車が高速化したことで弁当を買う必要が薄れてきている。そのせいで、駅弁の販売額が減少傾向にあるともいわれる。しかし、宇都宮駅では今も駅弁が好評を博している。

とくに人気なのが一八九三（明治二六）年創業の松廼家《まつのや》がつくっている「汽車辨當」シリーズだ。これは明治時代の瀛車辨當をモチーフにしたもので、レトロなパッケージに、竹皮にのったおにぎりが二つ入っている。

おかずはたくあん二切れよりも豪華なラインナップにアレンジされているものの、駅弁発祥の地を堪能するに充分な雰囲気を醸《かも》し出している。

松廼家の瀛車辨當をほおばり、駅弁が生まれた古き良き時代に想いをはせつつ栃木県を旅する。それもまた、オツなものである。

「宇都宮線」の名称からうかがえる栃木県民のヘンなプライド

栃木県民には自虐的なところがあるといわれる。少し前、テレビ番組のリポーターに「栃木県の魅力は？」と尋ねられ、「ないんだな、それが！」と答えた栃木県の若者がインターネットで大きな話題になった。これなどは、栃木県を田舎だと自嘲しがちな県民性の典型的な例といえるだろう。

しかし、そんな栃木県民にも、他県民に絶対に勘違いされたくないことがある。それは何かというと、栃木県は関東地方の一部であって、東北地方ではないということ。栃木県民の多くは首都圏のほうを向いており、東北扱いされるのを嫌がる傾向にあるのだ。

関東地方であることに固執する栃木県民のヘンなプライドは、鉄道路線の名称にもあらわれているといわれる。

東京駅から岩手県の盛岡《もりおか》駅へと至るＪＲ東北本線をご存じだろうか。この路線、上野駅と栃木県北部の黒磯《くろいそ》駅間は東北本線ではなく、「宇都宮線」と呼ばれている。今でこそ宇都宮線の名前で定着しているが、じつはこれは、栃木県がＪＲ東日本にお願いして認めてもらった単なる愛称にすぎないのである。

そもそも栃木県が東北本線に宇都宮線の愛称をつけたのは、県のイメージアップ戦略の一環だった。一九八〇年代当時から栃木県は「影の薄い県」といわれており、その地味さが県内でも問題となっていた。

そこで県は一九八八（昭和六三）年、県都・宇都宮の名を広め、東北感を薄めるために東北本線の上野駅・黒磯駅間を宇都宮線の名称に変えようと考えたのだ。

しかし東北各県は、これに反発を示す。「東北では何がいけないのか」というのが理由だった。

それでも栃木県は、「上野発の普通電車は黒磯駅までしか行かないので、東北本線と呼ぶのはふさわしくない」と主張し、どうにか納得してもらう。ＪＲ東日本も県の要望を受け入れ、一九九〇（平成二）年一月、ついに宇都宮線の愛称が正式決定したのである。

愛称誕生初日の一九九〇（平成二）年三月一〇日には、ＪＲ宇都宮駅でセレモニーが行われた。小学生がマーチングバンド演奏を披露したり、デパートでセールが催されるなど、祝賀ムード一色となった。

一部の利用者からは「長く親しんできた路線名がなくなったのはさびしい」という声も聞かれたが、多くは新しい愛称を歓迎。「東北本線に乗って上野へ行くよりも、宇都宮線

※東北本線と宇都宮線

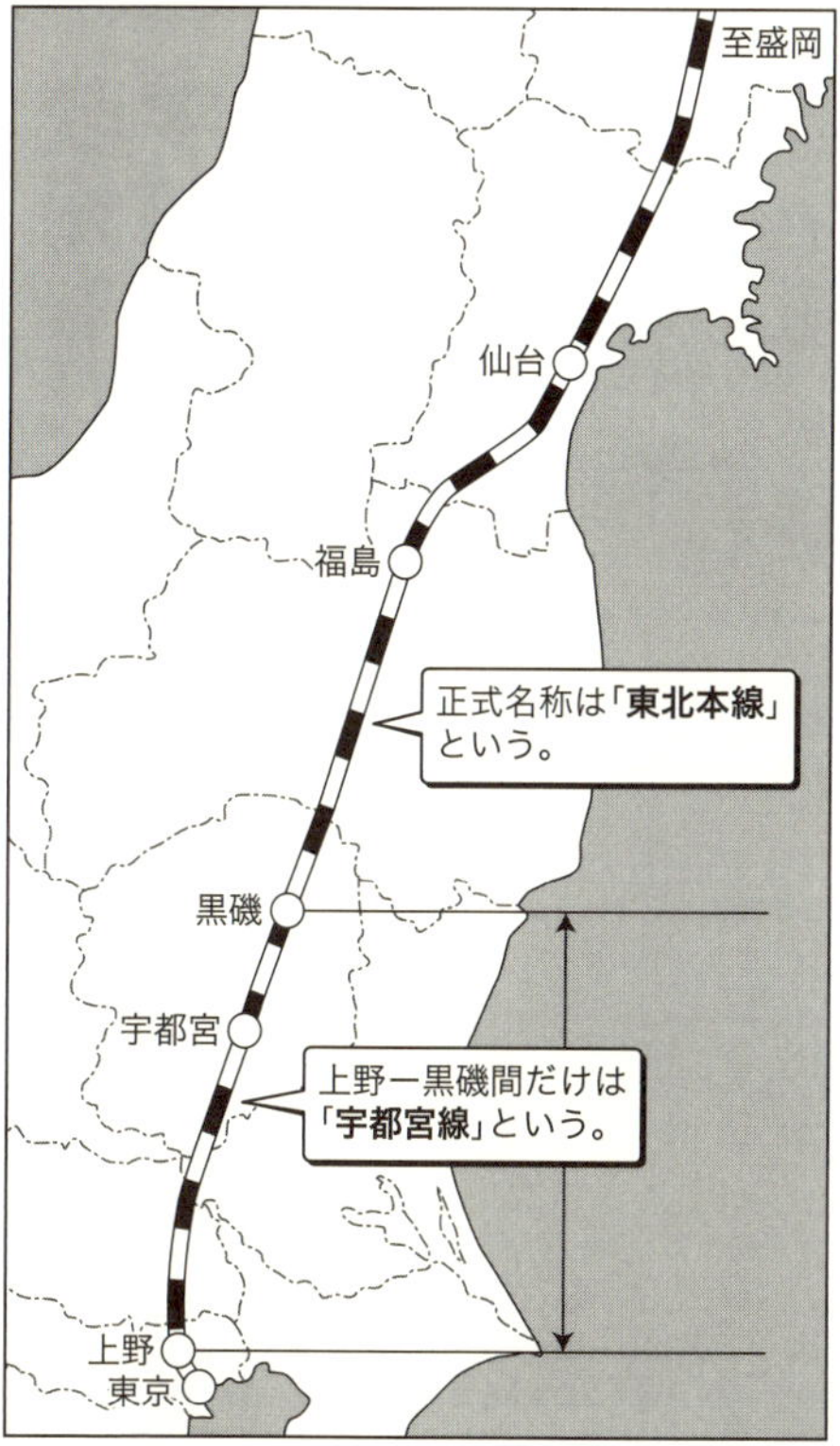

至盛岡
仙台
福島
正式名称は「東北本線」という。
黒磯
宇都宮
上野―黒磯間だけは「宇都宮線」という。
上野
東京

に乗って上野へ行くほうが、時間が短くなるような気がする」という人もいたそうだ。

その後、二〇〇一（平成一三年）年には、湘南新宿《しょうなんしんじゅく》ラインが栃木県内に乗り入れるようになる。それまで新宿駅を経由して栃木県につながる路線はなかったため、県民は「乗り換えなしで新宿まで行ける」と歓喜した。だが実際は、新宿駅への直通路線ができた喜びよりも、「湘南」「新宿」という都会的なイメージの路線が県内を走る喜びのほうが大きかったともいわれる。

栃木県民の目線は、常に首都圏のほうを向いている。東北扱いされると敏感に反応してしまうので気をつけたい。

欧州も真っ青
宇都宮市は日本屈指の自転車先進都市

宇都宮市内を散策していると、車道の左端が青く塗られた道路を見かけることがある。歩道とは別に青い部分があり、そこに「自転車専用」の文字が書かれている。これは「ブルーゾーン」と呼ばれる自転車専用通行帯で、市東部の越戸《こえど》地区などで見られる。

実際、宇都宮市の市街地・郊外では、自転車に乗っている人がやたらと多い。朝夕の出退勤時間にオリオン通り（１２１ページ）付近に行くと、一昔前の中国のように、高校生が群れになって自転車をこいでいる。学生のほかにも自転車で通勤するサラリーマンや、ママチャリで買い物に出かける主婦など、多くの住民が自転車を利用している。

じつは宇都宮市は「自転車の街」といわれるほど、自転車が多いところなのだ。近年、宇都宮市は餃子、ジャズ、カクテルなど、さまざまな名物を用いて町おこしに励んでいるが、現在は自転車の街として全国にアピールしているのである。

「自転車の街」である根拠としては、自転車購入額ランキングがあげられる。二〇一三（平成二五）年に総務省が行った家計調査によると、宇都宮市の一世帯当たりの自転車購

宇都宮市内のブルーゾーン。車道の脇に「自転車専用」と書かれており、自転車が一方通行で走れるようになっている（宇都宮市道路保全課提供）。

入額は九四四八円で全国一位。二位の神奈川県相模原《さがみはら》市が八三一五円だから、宇都宮市の購入額は一〇〇〇円以上多い。

通勤・通学に自転車を利用している人の割合もかなり高い。全国平均が一六・五パーセントなのに対して、宇都宮市は約一七・八パーセントに及ぶ。高校生に限っていえば、自転車通学をしている生徒が八割に達している。

さらに、冒頭で紹介したブルーゾーンの存在も忘れてはならない。宇都宮市内には、全長一一・七キロメートルの青い自転車専用通行帯がある。これは決して長い距離とはいえないが、歩道の一部を削って車道に組み入れ、その車道の一部を自転車通行帯にするという非常に手間のかかる作業をしてまで敷設しているのだ。

ブルーゾーンは片側の一方通行になっているので、自転車は走りやすいことこの上ない。また、正面衝突や出合い頭の事故を防ぐ効果もあり、ブルーゾーンを設置した越戸通りでは、自動車事故が約四割減ったとの報告も出されている。

こうしてみると、宇都宮市が「自転車の街」であることがよくわかるだろう。自転車先進都市として名高いオランダのアムステルダムやデンマークのコペンハーゲンには及ばないとしても、日本では有数の自転車先進都市といえるのである。

ではなぜ、宇都宮市ではこれほど自転車が浸透しているのだろうか。

宇都宮は自転車に乗りやすい地形

第一の理由としては、地理的な特徴があげられる。宇都宮市は平地が多く、自転車で走りやすい。もしアップダウンの激しい地形だったら、ここまで自転車が普及することはなかっただろう。からっ風が吹き荒れる冬の日には、自転車をこぐのが辛くなるが、それ以外は快適に乗れる環境にある。

第二の理由は都市の規模だ。一〇〇万人以上の規模の都市であれば、地下鉄による移動が効果的だが、五〇万人都市の宇都宮市では、地下鉄を建設しても採算がとれない。主要交通機関といえばバスや自動車になるが、中心市街地を除けばバスの運行本数はあまり多くないし、マイカーをもたない人や運転できない人もいる。そうした人たちにとって、自転車は手軽で便利な移動手段となっている。

第三の理由は歴史に求められる。戦前、宇都宮市には旧日本陸軍の第一四師団が置かれていた。当時はガソリンを無駄にできなかったので、軍人はみな自転車で移動した。さっそうと自転車に乗る軍人の姿を見た市民は「自分も」と思い、自転車をこぐようになった。現在の桜通りには、軍人を相手にした自転車店が軒を連ねていたという。

そしてもうひとつ、忘れてはならない大きな理由がある、それはプロ選手の自転車競技を間近に見られるようになったことだ。

宇都宮市は自転車ロードレースのプロチーム「宇都宮ブリッツェン」の本拠地で、市民一丸となって選手を応援している。また、アジア最高峰の自転車レース「ジャパンカップ」が毎年秋に開かれ、世界のトッププロが参戦してくる。彼らの戦いを沿道で観戦していると、自然と自転車に乗りたくなってくるのだ。

自転車ユーザーが増えるにつれて、サイクリングルートの沿線に休憩スポット「自転車の駅」が造られ、トイレや空気入れポンプなどが完備されるなど、環境の整備も進んでいる。宇都宮市の〝自転車の街度〟は日に日に向上しているのである。

いったい何に使うのか？
黒磯駅にある木製扉の謎

栃木県北部に位置する黒磯《くろいそ》駅は、那須《なす》や塩原《しおばら》への玄関口として知られている。東北新幹線の開通後は、隣の那須塩原駅に新幹線が停車するようになったこともあって、存在感が薄れてしまったが、在来線の始発・終着駅として今も多くの人々に利用されている。

この黒磯駅を訪れると、二種類の扉があることに気づく。ひとつはアルミ製の扉、もうひとつはそのすぐ隣にある荘厳《そうごん》な造りの木製の扉だ。

アルミ製の扉の上には、職員専用の出入り口であることが記されているのに対し、木製の扉には何も案内がない。しかも、木製の扉には関係者以外出入りできないように、鉄柵が設けられている。この謎めいた木製の扉の正体はなんなのか。

この謎を探るには、那須への玄関口という黒磯駅の立地に着目すればよい。那須には、皇族が利用する御用邸《ごようてい》がある。そう、じつはこれは、皇族が那須御用邸へ行く際に待合室として使っていた貴賓室《きひんしつ》へ通じる扉なのだ。

昭和天皇をはじめとする皇族は、かつて御召《おめし》列車に乗って東京を発ち、黒磯駅で下車して那須御用邸に向かった。

このとき、御召列車から下りた皇族と一般客が同じ出入り口を使えば、安全上の問題が生じる。とはいえ、ふだん職員が利用している業務用の扉を使うのは恐れ入る。そこで皇族専用の高級な木製の扉をしつらえたという。

扉の向こう側には広々とした貴賓室があり、部屋の中央に二対の玉座《ぎょくざ》が置かれている。昭和天皇もここで一息ついた後、那須御用邸に出発したのだろう。

しかし東北新幹線が開業すると、新幹線が停車する那須塩原駅が利用されるようになり、黒磯駅に御召列車が発着することはなくなった。皇族専用の木製の扉は、その役目を終えたのである。

それでも木製の扉や貴賓室が壊されることはなく、今もきれいなままで保存されている。昭和天皇が利用していた由緒《ゆいしょ》ある貴賓室を、一度見てみたいと思う人も多いだろうが、基本的には公開していない。ただし、ごくまれに公開されることもあり、その日には一般の人々の入室も許可される。

最近の例では、二〇一四（平成二六）年六月に公開されている。これはJR東日本が主催したツアー「大人の休日倶楽部・フルムーン」のプランのひとつだった。しかし、このツアーならいつでも公開されるわけでもないので、事前の情報収集を忘れずに。

那須塩原駅に鎮座する二メートル超の巨大鍋の正体は？

那須塩原駅西口を出ると、そこには何やら不思議なものがドーンと置かれている。直径二・二メートル、重さ四二〇キログラムもの巨大な黒い鍋が鎮座《ちんざ》しているのだ。

この鍋は那須塩原名物の巻狩鍋《まきがりなべ》をPRするための展示物で、そのルーツをたどると鎌倉将軍へと行き着く。じつはこれは、源《みなもとの》頼朝《よりとも》に由来する一品なのである。

鎌倉時代、那須野が原（那須塩原市）には田畑を荒らす獣《けもの》が増え、農民を悩ませていた。同地の領主・那須《なす》光資《みつすけ》が源頼朝に狩りによる解決策を進言すると、頼朝は了承。一一九三（建久《けんきゅう》四）年四月、那須野が原一帯で大規模な狩りを行うことになった。この狩りは「那《な》須《す》野《の》巻狩《まきがり》」と呼ばれ、鎌倉幕府を開いた頼朝が、東国の武士の力を京都の公家《くげ》たちに知らしめる目的もあったと考えられている。

巻狩に参加したのは、武士たちと獲物の追い立て役となった地元民を合わせて、一〇万人にも達したと推測されている。四月二日から二三日まで約三週間続けられ、シカやイノシシなど多数の獲物が得られた。

那須塩原駅西口に置かれている巨大な鍋（大将鍋）。直径2.2メートル、重さ420キログラムもあり、この鍋ひとつで2500食分を調理できる（那須塩原市商工観光課提供）。

このとき頼朝は、鍋で獲物を煮て狩りに参加した武将と地元民に食べさせた。これが那須塩原名物の巻狩鍋のはじまりであるといわれる。つまり巻狩鍋は、鎌倉将軍の振る舞い料理だったというわけだ。

現在、那須塩原市では頼朝の巻狩にちなんで、毎年一〇月第四週の土曜日と日曜日に「那須野巻狩まつり」が開催されている。二日目の日曜日には、那珂川《なかがわ》河畔運動公園に運ばれた直径二・二メートルの大将鍋、一・八メートルの武将鍋、一・二メートルの勢子《せこ》鍋の三種類一〇個の鍋で、キジ、カモ、シカ、イノシシなどの肉をグツグツ煮込んだ巻狩鍋が、なんと九〇〇〇食分も作られる。史実に基づいてつくった鍋料理だけに、一食の価値がある。

栃木県には全国で唯一、「四県またぎの県道」が走っている！

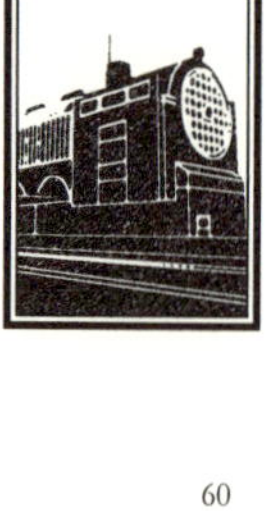

国道の次のランクに位置づけられる「都道府県道」は、全国に一万本以上あり、その地域における幹線道路網を形成している。総延長は約一二万九〇〇〇キロメートルにも及ぶが、一本あたりの距離は短く、大半は同一の県内を走っている。

しかし、なかには三つの県にまたがって続いている珍しい県道もある。

たとえば、「千葉県道・東京都道・埼玉県道五四号松戸《まつど》草加《そうか》線」だ。この県道は千葉県松戸市を起点とし、途中、東京都葛飾《かつしか》区を通って埼玉県草加市の旧国道四号線との交点が終点となる。長野県飯田《いいだ》市から愛知県豊根《とよね》村を経て静岡県浜松市へと至る「長野県道・愛知県道・静岡県道一号飯田富山佐久間《とみやまさくま》線」も三県またぎの県道で、天竜《てんりゅう》川沿いの険しい道が続く。そのほかにも、三県またぎの県道は全国に十数本存在する。

では、三県以上にまたがって続いている県道はないのだろうか。

じつは、全国にただ一本だけ、四県またぎの県道が存在する。その極めて珍しい県道が栃木県を走っているのである。

※何度も県境を越える４県またぎの県道

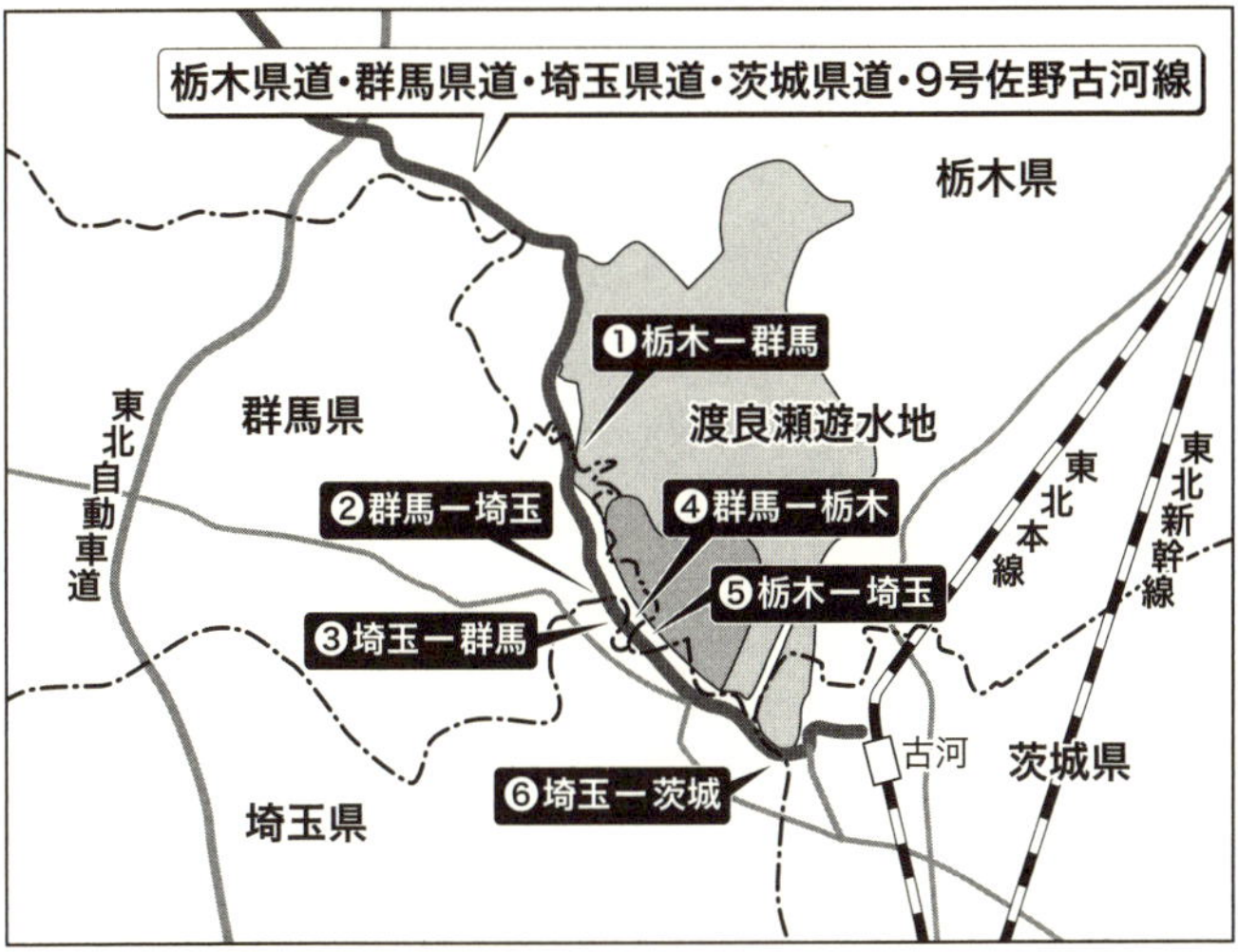

四県またぎの県道の名は、「栃木県道・群馬県道・埼玉県道・茨城県道九号佐野《さの》古《こ》河《が》線」といい、栃木県内では「栃木県道九号佐野古河線」、群馬県内では「群馬県道九号佐野古河線」、埼玉県内では「埼玉県道九号佐野古河線」、茨城県内では「茨城県道九号佐野古河線」と呼ばれている。

栃木県道九号佐野古河線は、国土交通大臣が指定する主要地方道とされている。主要地方道とは、産業の振興や資源の開発などのために地方の主要地を結ぶ道路。同じ県道でも、一般県道より格上の県道だ。

実際、この県道は栃木県佐野市と埼玉県北東部、茨城県南西部で形成される地域の動脈となっており、ダンプカーやトラックなどがひっきりなしに通行している。

全長はわずか一八キロメートルにすぎない。しかし、その短い区間に四県の県境が複雑に入り組んでいるため、起点の栃木県佐野市から出発すると、栃木県～群馬県～埼玉県～群馬県～栃木県～埼玉県～茨城県と、次から次へと県名が変わっていく。ここまで県名が変わると、慣れない人は大混乱するはずだ。

栃木県道九号佐野古河線は、文字どおり佐野市と古河市を結ぶために建設された道路であり、あえて県境を選んでつくられたわけではない。それではなぜ、この地域の県境はこれほど入り組んだ形になっているのだろうか。

その謎を解く鍵は、渡良瀬遊水地《わたらせ》にある。第一章で述べたように、渡良瀬遊水地は明治時代に足尾《あしお》銅山の鉱毒被害と渡良瀬川などの洪水被害を防ぐ目的でつくられた。工事の際、河川改修が行われ、渡良瀬川の流路が変更されたのだが、それによって川に沿って定められていた県境にズレが生じ、複雑に入り組んだ形になってしまった。

やがて道路整備が進むと、県境沿いに道路がつくられ、その道路は複数の県境を縫って走ることになった。こうして四県を股にかける珍しい栃木県道九号佐野古河線が誕生したのである。

四つの県を行ったり来たりする栃木県道・群馬県道・埼玉県道・茨城県道九号佐野古河線。この道をドライブするときには、頭が混乱しないように気をつけたい。

真岡駅のSL駅舎は、今にも走り出しそうなほどリアル！

真岡鐵道《もおかてつどう》は、栃木県南東部の茂木《もてぎ》町から真岡市を経て茨城県筑西《ちくせい》市へと至る第三セクター運営の鉄道だ。広く一般に知られた路線ではないが、鉄道ファンの間では知名度が高い。その理由は、SLが走っているからである。

現在、年間を通してSLが走っている路線は、日本全国に真岡鐵道と静岡県の大井川《おおいがわ》鐵道の二路線しかない。そのため、SLが運行する週末になると、多くの鉄道ファンが真岡鐵道の沿線に押し寄せる。田園や里山を煙を上げながら進むSLの姿を見ると、鉄道ファンでなくとも胸が高まるはずだ。

真岡鐵道にSLが走るようになったのは、一九九四（平成六）年のこと。そのきっかけは真岡鐵道の経営危機だった。

日本では一九六四（昭和三九）年、東京オリンピックのあたりからモータリゼーションの波が吹き荒れ、車社会化が進んだ。地方では鉄道利用客が激減し、生活路線としての運用だけでは、経営が成り立たなくなってしまう。真岡鐵道（当時のJR真岡線）もそのひとって、廃止の対象とされた。

しかし、運転免許をもたない学生たちにとっては大切な通学の足であったため、沿線の市町で存続運動が行われ、最終的には第三セクター鉄道とすることで真岡線を存続させた。とはいえ、経営を変えても乗客が増えたわけではなかった。そこで菊地恒三郎《きくちつねさぶろう》真岡市長（当時）は、SLを走らせてPRすることを画策する。

SLを導入すると、むしろ赤字が増えてしまうと反対する声も多かったが、菊地市長の熱意は相当なもので、福島県川俣町《かわまたまち》からC12型蒸気機関車を譲渡してもらい、一九九四（平成六）年に定期運行にこぎつけた。

菊地市長は駅舎にもこだわった。一九九七（平成九）年に真岡駅を全面改築した際、市長は徹底してリアルさを追及した。その結果、どこからどう見ても蒸気機関車のシルエットにそっくりなSL駅舎が完成したのである。

はじめて真岡駅の駅舎を見た人は、あまりのリアルさに仰天するに違いない。建物の側面の三〜四階部分を丸くして蒸気機関車の先頭をかたどり、建物の正面とその反対側の窓は大きな丸い構造にして車輪を表わしている。さらに屋上には、煙突やライトがついている。駅舎ごと走り出してもおかしくないほどの出来映えだ。

外見だけでなく、内部のこだわりもすごい。床には線路や枕木が使われており、SLの

真岡鐵道・真岡駅の駅舎。駅舎の外観がそのままSLの形をしており、今にも走り出しそうな雰囲気を感じさせる。

〝香り〟が漂ってくる。

また二〇一三（平成二五）年には、駅の隣にSLキューロク館がオープンし、SL「9600」型をはじめ、当時の客車、貨物車などが展示されている。

それにしても、なぜ菊地市長はこれほどSLに熱意を注いだのだろうか。

市長は地元の真岡出身で、子ども時代にSLを見ながら育った。それゆえ、SLに対する思いは相当なものだったのだろう。現代の子どもたちにも自身が子ども時代に見た勇壮なSLを見せたかったのかもしれない。そもそも真岡鐵道のSL導入計画は、「子どもたちに夢を」という理由ではじまったものだ。そんな市長の思いを乗せて、真岡鐵道は今日も走り続ける。

明治時代の栃木県は、全国有数の〝鉄道王国〟だった？

芥川龍之介《あくたがわりゅうのすけ》の『トロッコ』という短編小説のなかに、「人車鉄道《じんしゃ》」という不思議な鉄道が登場する。人車鉄道とは、人間が動力となって走らせる鉄道のこと。つまり、人の力で車両を動かす前近代的な鉄道だ。

明治時代中期から後半にかけて、栃木県では人車鉄道がさかんに建設され、県内の経済発展に大きく貢献した。当時、人車鉄道は全国に三〇ほどの路線が引かれていたが、栃木県には宇都宮軌道運輸、野州《やしゅう》人車鉄道、乙女《おとめ》人車軌道、岩舟《いわふね》人車鉄道、鍋山《なべやま》人車鉄道、喜《き》連川《つれがわ》人車軌道、那須人車軌道と多くの人車鉄道が敷設されており、全国一の人車鉄道王国といえるような状況だったのである。

「鉄道」とはいえ、人力なのでスピードはノロノロと遅い。自分で歩けば間に合ったのに、人車鉄道に乗ったばかりに遅れた、などというエピソードも伝わっている。

また、運転士兼車掌兼動力の車夫《しゃふ》は、相当な重労働を強いられた。上り坂になると、車夫だけでは客車を押すことができず、乗客に手伝ってもらわなければならないケースも少なくなかった。あくまで客として乗っているのに、突然、動力になることを求められるのだから、利用者としてはあまり心地のよい乗り物とは感じていなかったに違いない。

それでも人車鉄道が敷設されたのは、資金の問題が大きい。蒸気機関車などを導入しようとすれば莫大な資金がかかり、予算が下りなかった。馬に客車や貨車を引かせる馬車鉄道もあったが、馬を用意する資金もない場合は、人力に頼らざるを得なかったのである。

栃木県の人車鉄道は、旅客に用いられるよりも、各地の産物を運ぶために利用されることが多かった。たとえば、宇都宮軌道運輸は大谷《おおや》から宇都宮へ大谷石を運び、野州人車鉄道は新里《にっさと》石、乙女人車鉄道は思川《おもい》の砂利《じゃり》、岩舟人車鉄道は岩舟石、鍋山人車鉄道は石灰を運んだ。重い資材を運ぶには、人車鉄道に頼るのが最も効率的とされていたのだ。

しかし、そんな人車鉄道もやがて姿を消していく。鉄道路線の整備が進み、蒸気機関車が牽引する軽便《けいべん》鉄道が増えたり、昭和の時代に入ると、トラックなどの自動車が台頭してきたからだ。自動車ならば、さほど資金がなくても導入できる。また、資材のなかには、大谷石のように、積み替えのたびに石の角が欠けたり傷んだりするものがあり、積み替え回数の少ないトラックのほうが輸送に適していると考えられた。

栃木県の経済を支えた人車鉄道。この歴史的な遺産も時代の波には逆らえず、ひっそりと役目を終えたのである。

日光へ通じる例幣使街道 そもそも「例幣使」とは何か？

益子《ましこ》町を起点とする国道一二一号線は、真岡市ののどかな農村地帯を抜けると住宅地が立ち並ぶ宇都宮市へと入る。続いて鹿沼《かぬま》市をしばらく走ると、道路は杉並木《すぎなみき》に差し掛かり、今市《いまいち》を抜けて日光《にっこう》市へと通ずる。この国道一二一号線のうち、鹿沼市から日光市までの区間を、地元では「例幣使《れいへいし》街道」と呼んでいる。

子ども時代を例幣使街道付近で過ごした人のなかには、「れいへいし」という言葉がピンとこず、「例幣使」に「霊兵士」の漢字を当てて、兵士の幽霊が出る心霊スポット的なイメージをもっていた、という人もいるのではないだろうか。

残念ながら（?）、例幣使街道は心霊スポットとはなんの関係もない。この街道は、徳川家康の眠る日光東照宮《とうしょうぐう》へと向かう例幣使が通った道なのである。

例幣使とは、幣帛《へいはく》（神前に供える物。布類が多かった）を奉納するために、朝廷から派遣された五〜八〇人の勅使のこと。家康が日光山に改葬されると、一六四六（正保《しょうほう》三）年から一八六七（慶応《けいおう》三）年まで、二二一年にわたり途絶えることなく続けられた。

※例幣使の通った道

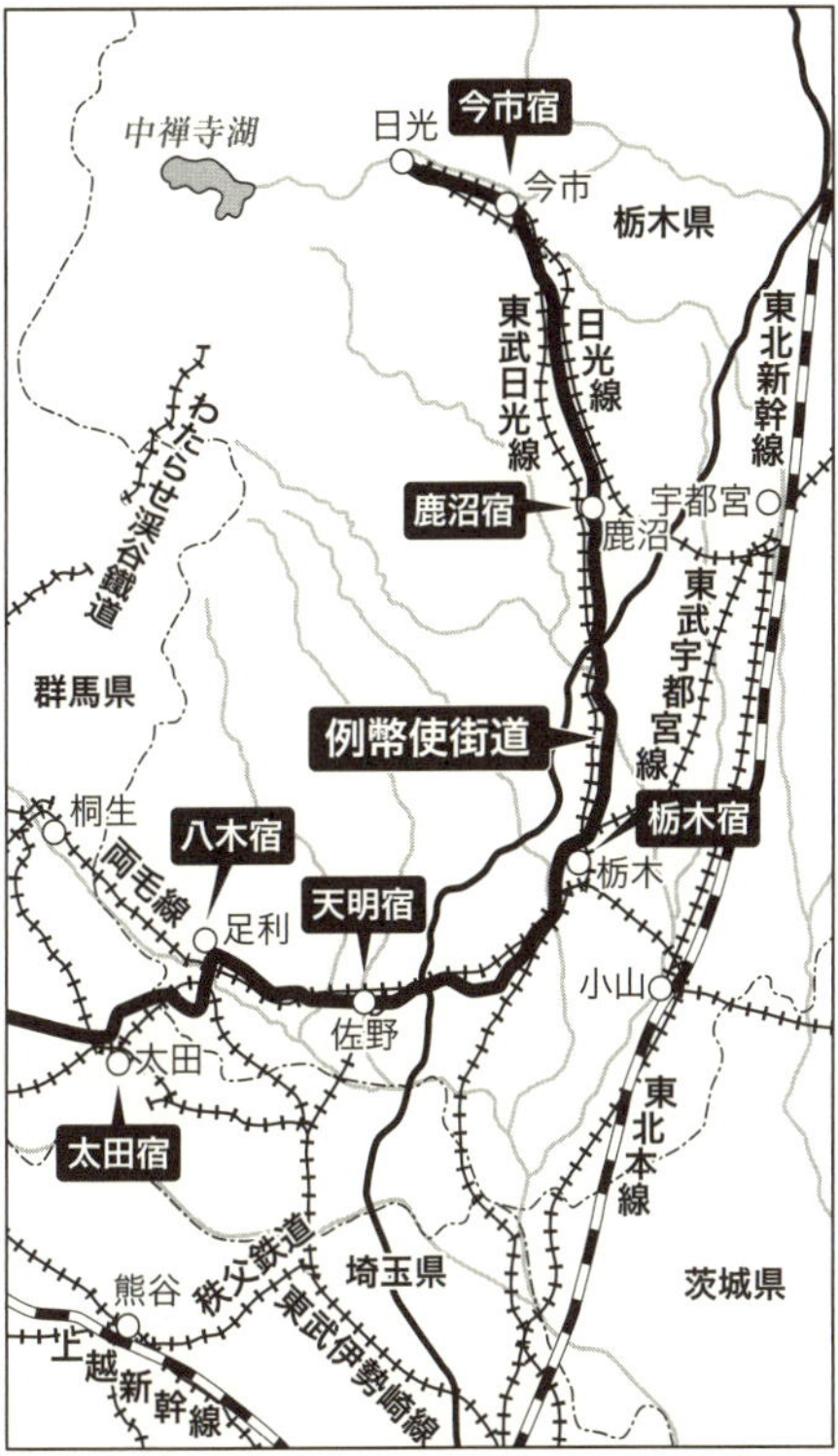

例幣使一行は、毎年三月末から四月一日に京都を発って中山道《なかせんどう》を下り、倉賀野宿《くらがのしゅく》（群馬県高崎市）を経て下野国《しもつけ》（栃木県）に入る。そして佐野、富田、栃木、合戦場《かっせんば》、金崎を通り、壬生《みぶ》通り（日光西街道）と合流する楡木《にれぎ》を経て四月一五日に日光へ至る。

その間、沿線の宿場や村では人馬を提供し、夫役《ふえき》を行ったが、例幣使一行は大所帯のうえ、時期が農繁期と重なることから、農民には大きな負担となった。また、わざと駕籠《かご》から落ちて「勅使を落とす無礼者」と難癖をつけては金品をせびる行為が横行したため、厄介視する人も少なくなかった。それでも人々の信仰は厚く、例幣使に近づくと疱瘡《ほうそう》が治るなどと信じられていたという。

現存最古級の木造駅舎のひとつ、二条駅舎のモデルは宇都宮駅？

現在日本に残っているなかで最古級の木造駅舎のひとつに、旧二条《にじょう》駅の駅舎がある。この駅舎は一九〇四（明治三七）年に京都鉄道の本社兼駅舎として建てられ、一九〇七（明治四〇）年以降は山陰《さんいん》本線の二条駅舎として使用されていた建物だ。

もともと旧二条駅は、京都御所から行幸《ぎょうこう》する皇族用につくられたこともあって、落ち着いた和風のデザインがほどこされた。檜《ひのき》の柱に白い壁、屋根は入母屋《いりもや》造りで両端には鴟尾《しび》の飾り瓦がつるされている。このデザインが近くにある二条城と見事にマッチしており、観光客のみならず地元の人々の間でも人気を博していた。

旧二条駅舎は九〇年以上使われ続けた。一九九六（平成八）年、山陰本線の高架化工事にともない、二条駅が新設されると使命を終えたが、翌年には京都駅近くの梅小路《うめこうじ》蒸気機関車館に移設されて復元された。

この旧二条駅舎が、じつは宇都宮駅舎（二代目駅舎）をモデルにしてつくられたのではないかといわれているのである。

旧二条駅舎。独特の和風デザインは平安神宮を模したものとされているが、異説も唱えられている。

通訳では旧二条駅舎は、京都にある平安《へいあん》神宮《じんぐう》を模してつくられたといわれている。平安神宮は一八九五（明治二八）年に平安京の内裏を縮小して建立された神社で、それを模して設計されたのが旧二条駅舎だとされている。

しかし、建築史研究家の馬場知己《ばばともみ》氏はこの説に異を唱え、二代目宇都宮駅舎こそが二条駅舎の原型だと主張する。

日本交通協会誌『汎交通』（昭和五八年三月号）に掲載された馬場氏の分析記事によると、京都鉄道の創立者である田中源太郎《たなかげんたろう》社長が二代目宇都宮駅を見て気に入り、その設計図を借りてきて、工事施工者にこのようにつくれと指示した。そうして完成したのが、旧二条駅だというのである。

二代目宇都宮駅舎。一説によると、この駅舎こそが旧二条駅舎のモデルだという。たしかに、外観のデザインはよく似ている（鉄道博物館提供）。

たしかに、二代目宇都宮駅舎は一九〇二（明治三五）年に落成しており、旧二条駅舎の完成よりも二年早い。

また、京都鉄道の駅舎はどれも一八九七（明治三〇）年に竣工《しゅんこう》しているのに、旧二条駅舎だけ一九〇四（明治三七）年の竣工になっている。これは立派な状況証拠といえるだろう。

二代目宇都宮駅舎は戦時中に空襲で焼失してしまったため、直接比較することはできない。しかし写真を見ると、よく似ている。外観のデザインをはじめ、建物の配置や構造などもそっくりだ。

旧二条駅舎のモデルは、平安神宮ではなく宇都宮駅舎だったのだろうか。真相が気になるところである。

第三章
「歴史」に隠された栃木の秘密

なぜ、栃木県の県庁所在地は栃木市ではなく宇都宮市にあるのか？

全国的に見ると、県名と同名の都市が県庁所在地になっているケースが多い。青森市、福島市、千葉市、静岡市、奈良市、広島市、福岡市、熊本市……。これらはみな県名と同名の都市であり、県庁所在地だ。しかし栃木県は、栃木市という都市が存在するにもかかわらず、宇都宮《うつのみや》市に県庁を置いている。どのような経緯でこうなったのか。

江戸時代の栃木県は、大名の支配する藩《はん》や旗本領《はたもとりょう》、天領《てんりょう》などが入り組んでいたため、地域としてのまとまりはほとんどなかったといわれる。だが明治時代に入ると一八七一（明治四）年七月に廃藩置県《はいはんちけん》が行われ、宇都宮県や足利《あしかが》県、佐野《さの》県など一一の県が成立。その後の統廃合により、同年一一月には北部の宇都宮県と南部の栃木県の二県にまとめられた。そして、この二県が一八七三（明治六）年六月に合併し、現在の栃木県が誕生した。

栃木県の成立当初、県庁は宇都宮ではなく現在の栃木市に置かれた。宇都宮は古くから門前町《もんぜんまち》、城下町として栄えていたが、県庁が栃木にあると政治的にも経済的にも廃《すた》れていくのは目に見えていた。そこで宇都宮の住民はこの決定に反発、一八八二（明治一五）年

※栃木県が成立するまで

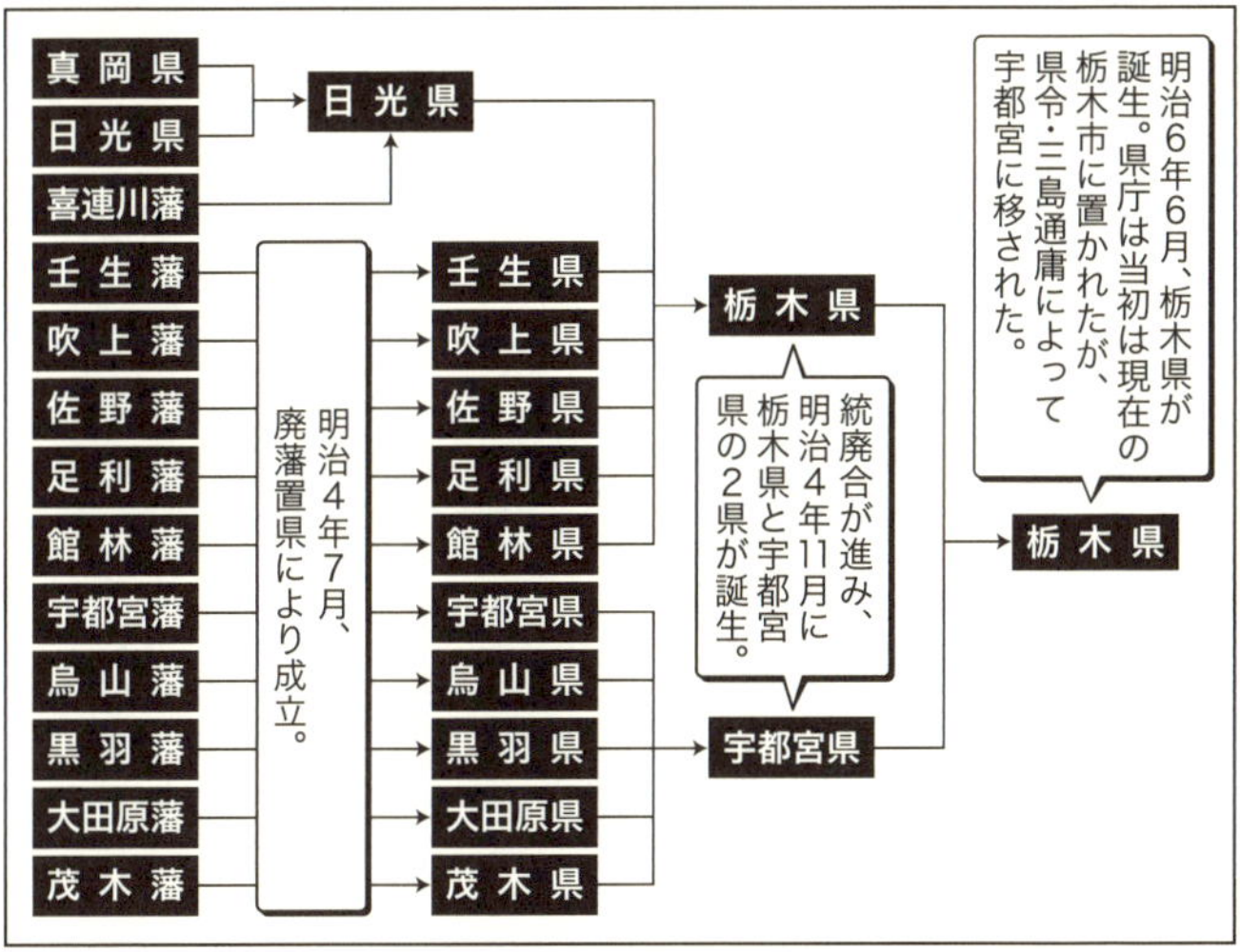
真岡県
日光県
喜連川藩
日光県
壬生藩
吹上藩
佐野藩
足利藩
館林藩
宇都宮藩
烏山藩
黒羽藩
大田原藩
茂木藩
明治4年7月、廃藩置県により成立。
壬生県
吹上県
佐野県
足利県
館林県
宇都宮県
烏山県
黒羽県
大田原県
茂木県
栃木県
統廃合が進み、明治4年11月に栃木県と宇都宮県の2県が誕生。
宇都宮県
明治6年6月、栃木県が誕生。県庁は当初は現在の栃木市に置かれたが、県令・三島通庸によって宇都宮に移された。
栃木県

頃から士族や豪商、地主などが中心となって県庁移転運動を繰り広げたのである。

移転賛成派は内務省に建議書を出したが、多額の費用がかかるということもあって、認められることはなかった。ところが一八八三（明治一六）年一〇月、三島通庸《みしまみちつね》が栃木県令《けんれい》（県知事）に就任すると事態が一変する。県令就任からわずか三ヵ月後の一八八四（明治一七）年一月、県庁を宇都宮に改定する旨の布達《ふたつ》を発し、新庁舎建設に着手してしまったのである。

三島は薩摩《さつま》藩（現・鹿児島県）出身の元藩士で、討幕運動や戊辰《ぼしん》戦争で活躍した人物。栃木県に赴任する前に県令をつとめていた福島県では、国会開設などを求める自由民権運動への参加者を徹底的に弾圧したため、「圧制三県令」の一人とされていた。また、土木工事に非常に熱心で、独断で道路建設などを進めたため、「土木県令」と揶揄《やゆ》されることもあった。やり手ではあるが、庶民感覚に欠けた県令といえるだろう。

その三島が県庁の宇都宮移転を決めた理由は、県庁が南に寄りすぎていて、県民の多くが不利益をこうむっているというものだった。しかし、それは建前でしかなく、本当のねらいは反政府運動の取り締まりにあったといわれる。

当時、栃木県でも自由民権運動が活発化していた。とくにさかんだったのが現在の栃木市で、栃木県における自由民権運動の活動拠点となっていた。こうした状況を重くみた三島は、県庁のおひざ元から自由民権運動の火を消し、県政をみずからの意のままに運営するため、県庁を宇都宮に移したとされているのである。

三島は県庁舎だけでなく、師範《しはん》学校や刑務所など、さまざまな公的機関を宇都宮に移した。移転に要する費用は、豪商や市民などからの寄付金でまかなった。

こうして県庁所在地となった宇都宮市は、今では五〇万以上の人口を誇る北関東屈指の大都市へと成長した。一方の栃木市は県庁移転以来、すっかり寂《さび》れてしまった。栃木市は宇都宮市をライバル視しているとよくいわれるが、それは県庁移転時の遺恨に由来しているのである。

宿命のライバル、栃木県と群馬県が同じ国だった時代がある!?

栃木・群馬・茨城の三県は、「北関東」に分類される。たしかに、この三県の都市の発展ぶりや言葉には共通点がある。全国における位置づけもよく似ており、毎年話題になる「地域ブランド力調査」では、みな下位の常連。二〇一三年度の調査でも、栃木県が四一位、群馬県四四位、茨城県四七位と、仲良く四〇位台に顔をそろえた。しかし、三県の間に仲間意識はあまりなく、むしろ対抗意識のほうが強い。

栃木県は三県の真んなかに位置するため、当然、群馬県とも茨城県とも直接的なつながりがある。では栃木県民は、群馬県と茨城県のどちらにより強いライバル心を抱いているのかというと、現在は群馬県だといえるだろう。

最近、群馬県は乗りに乗っている。インターネット上で未開の地「グンマー」と呼ばれて話題になったり、日本中を群馬県化していくアプリ「ぐんまのやぼう」が大ヒットを記録したり、夏の甲子園で前橋育英《いくえい》高校が優勝したりと全国的に注目を集めている。

さらに二〇一四（平成二六）年には、「富岡《とみおか》製糸場と絹産業遺産群」の世界遺産登録が決定。「ゆるキャラグランプリ」では、群馬県のマスコット「ぐんまちゃん」が前年一位の栃木県佐野市のゆるキャラ「さのまる」を抜き、首位を快走している（二〇一四年九月時点）。そんな群馬県を横目に、栃木県民の多くは地団駄《じだんだ》をふんでいるのだ。

　このように栃木県民は、群馬県に対して並々ならぬライバル心をもっている。県民同士の仲も良いとはいえない。ところが歴史をひもとくと、栃木県と群馬県は同じ国だった時代がある。古代、両県は「毛野国《けぬのくに》」あるいは「毛国《けのくに》」と呼ばれるひとつの国だったのだ。

　八世紀頃、有力豪族の物部《もののべ》氏が作成したといわれる『先代舊事本紀《せんだいくじほんぎ》』には、「難波《なにわ》の高津朝（仁徳《にんとく》天皇）の御世、もとの毛野国を分かちて上下となし（後略）」とある。これはつまり、仁徳天皇の時代に、毛野国が上・下に分かれて、上野毛国《かみつけのくに》（群馬県）と下野毛国《しもつけのくに》（栃木県）になったことを意味する。これとは別に考古学の研究によると、二つの国に分かれたのは五世紀頃のことだという。

　毛野国の「毛」とは毛人、すなわち蝦夷《えみし》が住んでいた地域をあらわすとの説がある。日本最初の正史である『日本書紀』では、「毛人」と書いて「えみし」と呼んでいるからだ。そのほか、天皇家の直轄地を示す「御食野《みけぬ》」の「食野」が「毛野」になったという説や、穀物の豊かな実りを意味する「毛」が、穀物がよくとれる地を意味する「毛野」に変化したという説も唱えられている。

※栃木県・群馬県は毛野国が分裂してできた

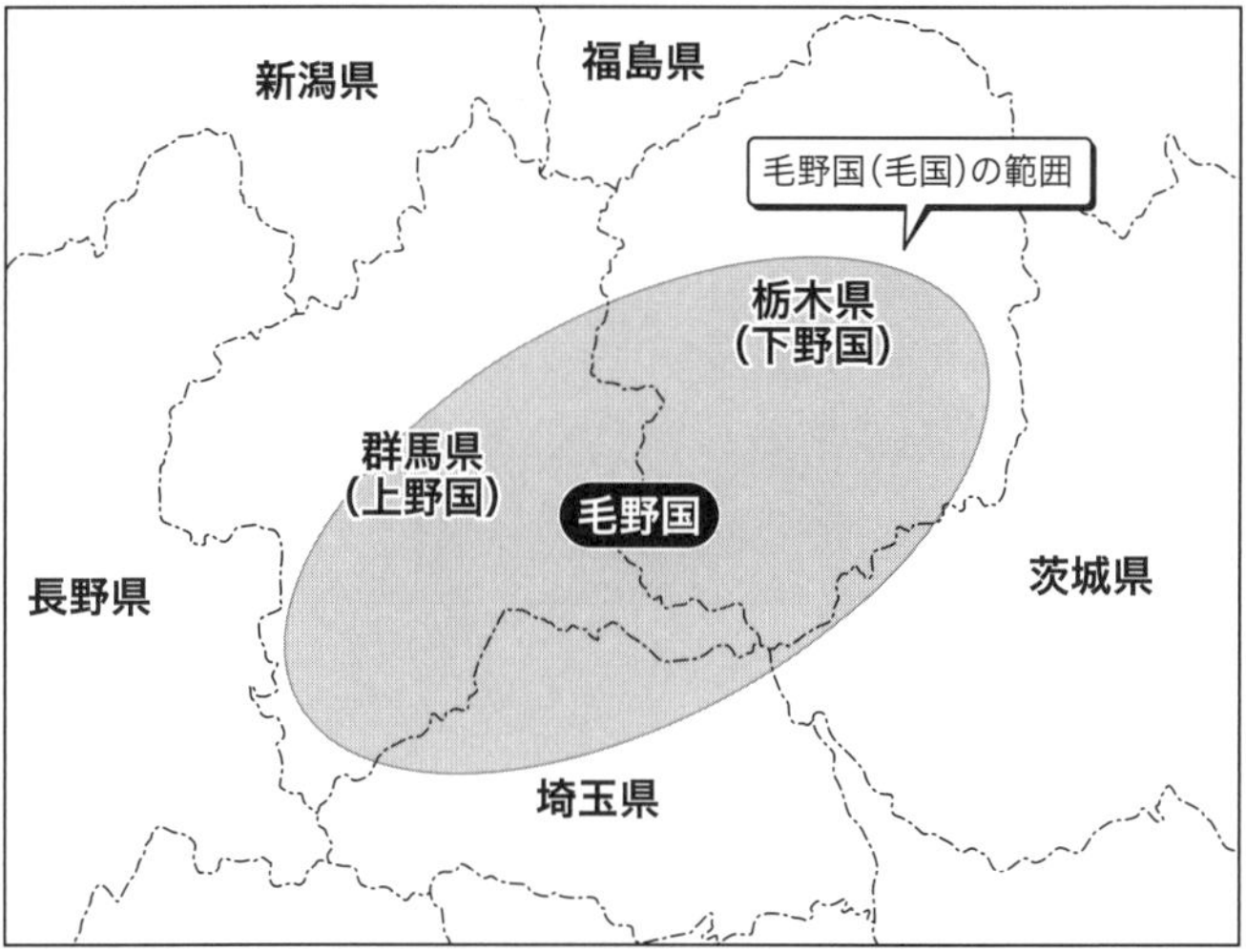
新潟県
福島県
毛野国（毛国）の範囲
栃木県
（下野国）
群馬県
（上野国）
毛野国
長野県
茨城県
埼玉県

出典：『諸説日本史図録』（山川出版社）

また、毛野国の西方が上野毛国、東方が下野毛国とされたのは、ヤマト王権を中心とした考えによるものとされる。

単純な地理的発想で名づければ、西毛野国、東毛野国とするのがふつうだが、ヤマト王権の都から見た場合、都に近いほうが「上」、遠いほうが「下」となるため、上野毛国、下野毛国と名づけられたというのだ。

なお、そこから「毛」の字が除かれ、上野国《こうずけのくに》、下野国《しもつけのくに》と変わったのは、「国名を二文字にする」という国の方針によるもので、八世紀頃のことと考えられている。

古代には同じひとつの国で、兄弟のような関係だった――。そう考えれば、栃木県と群馬県はもう少し仲良くできるのかもしれない。

「海なし県」の栃木県に、かつては海が存在したってホント？

世界遺産に登録されている日光の社寺、豊かな自然がはぐくむおいしい水、収穫量日本一のイチゴ。栃木県には日本だけでなく世界に誇れるものがたくさんある。そんな栃木県民にとって、大きなコンプレックスとなっているのが、海に面していない内陸県であること、すなわち日本にたった八つしかない「海なし県」のひとつであることだ。

しかし、かつては栃木県にも海が存在した。今からさかのぼること約六〇〇〇年前の縄文時代前期には、栃木県にも海があったとされているのである。

縄文時代早期から前期にかけて、地球は現在よりも気温が高くなっていた。そのため、氷が溶けて海面が上昇し、世界中いたるところで海が陸地の奥深くに侵入してきていた。日本も例外ではない。東京湾周辺では現在の標高六メートルほどの地点に海岸線があり、「古東京湾」が形成されていた。ただし、海といっても浅く穏やかな海で、古東京湾には干潮時に一〇数キロメートルも海岸線が後退する浅い海が広がっていたという。

注目すべきは、この古東京湾が関東平野の奥、栃木県南端まで達していた点だ。

※縄文時代の関東地方

篠山貝塚
古東京湾の海岸線は関東平野の奥、栃木県南端まで達していた。
古東京湾
太平洋
—— 縄文時代の海岸線
----- 現在の海岸線

出典：「科学朝日」（朝日新聞社）

栃木市藤岡町にある篠山貝塚。現在の海岸線からは70km以上も内陸に位置する関東最奥の貝塚で、かつてはこのあたりまで海が広がっていたと考えられている（栃木県立博物館提供）。

古東京湾の海岸線には多数の貝塚が残されており、群馬県、茨城県、埼玉県との県境に位置する渡良瀬遊水地《わたらせゆうすいち》の周辺にも複数の貝塚がある。それらの貝塚が関東平野最奥の貝塚とされ、近くに海が存在していたことの証拠と考えられている。

貝塚とは、改めて説明するまでもなく、貝殻を投棄してできた塚である。現代でいうゴミ捨て場といったところだが、貝塚からは当時の人々の生活や文化などをうかがい知ることができる。貝塚の存在は、その地で貝類がたくさんとれたこと、つまり海が近くにあった可能性を示唆《しさ》するのである。

栃木県に海があった頃の様子を伝えてくれる貝塚としては、栃木市藤岡《ふじおか》町の篠山《しのやま》貝塚、後藤《ごとう》貝塚、中芝原《なかしばはら》貝塚、野木《のぎ》町の御髪内《みぐしない》貝塚、新田《しんでん》貝塚、野渡《のわた》貝塚などがあげられる。

そのなかで、とくに有名なのが渡良瀬川をのぞむ台地に位置する篠山貝塚だ。この貝塚からは当時の住居跡や動物の骨のほか、シジミ、クロダイなどが発見されている。やはり栃木県のすぐそばに海があったと考えて差しつかえないだろう。

はるか昔に海があったことを知ったところで、「海なし県」のコンプレックスが払拭《ふっしょく》されるかどうかは疑わしい。しかし、栃木県が豊富な水源に恵まれた豊穣の地であったことは、ほぼ間違いない事実である。

天下の徳川家康が日光を墓所にした深い深い理由とは？

日光が日本を代表する観光地として認知されているのは、世界遺産・日光の社寺のひとつである日光東照宮の存在が大きい。

境内には国宝八棟、重要文化財三四棟を含む五五棟の建造物が立ち並び、その美しさは圧巻のひと言に尽きる。神厩舎《しんきゅうしゃ》には「見ざる・言わざる・聞かざる」の三猿をはじめとした猿の彫刻が八面にわたって展開され、猿の一生を描くことで人の生き方を伝えている。

主祭神は、言うまでもなく徳川家康だ。戦乱の世に生まれ、天下統一を成し遂げた家康は、江戸に幕府を開き、二六〇年続く天下泰平《たいへい》の世の礎《いしずえ》を築いた。一六一六（元和《げんな》二）年に七五歳の生涯を閉じると、一度は幼少期を過ごした駿府《すんぷ》（現・静岡県）の久能山《くのうざん》に葬られたが、翌年三月に日光山へ改葬され、東照大権現《とうしょうだいごんげん》として祀《まつ》られた。

日光はもともと山岳信仰がさかんな霊場として知られ、中世には満願寺《まんがんじ》（現・輪王《りんのう》寺）の門前町として発展、僧坊《そうぼう》も五〇〇を数えた。その日光が、家康の改葬によってますます栄えることとなったのだ。

徳川家康像。当初は静岡県の久能山に葬られたが、のちに日光に改葬された。

家康なくして今日の日光の発展は考えにくい。その意味で、家康は日光にとって最も重要な人物といえるだろう。しかし、なぜ家康は静岡県の久能山におさまらず、日光へ移されたのだろうか。

家康は生前、みずからの死後について次のような遺言を残していた。「死後、遺体は久能山におさめ、（略）一周忌がすぎたら日光山に小さな堂を建ててそこに移し、神として祀るように。われは関八州の鎮守《ちんじゅ》となろう」という内容だ。これはつまり、日本の平和の守り神になることを意味する。

古代中国では、宇宙の中心に北極星があり、そこにすべてを支配する天帝《てんてい》がいると考えられていた。この道教の思想をふまえて江戸城と日光との関係を見てみると、この世の中

※日光の地がもつ意味

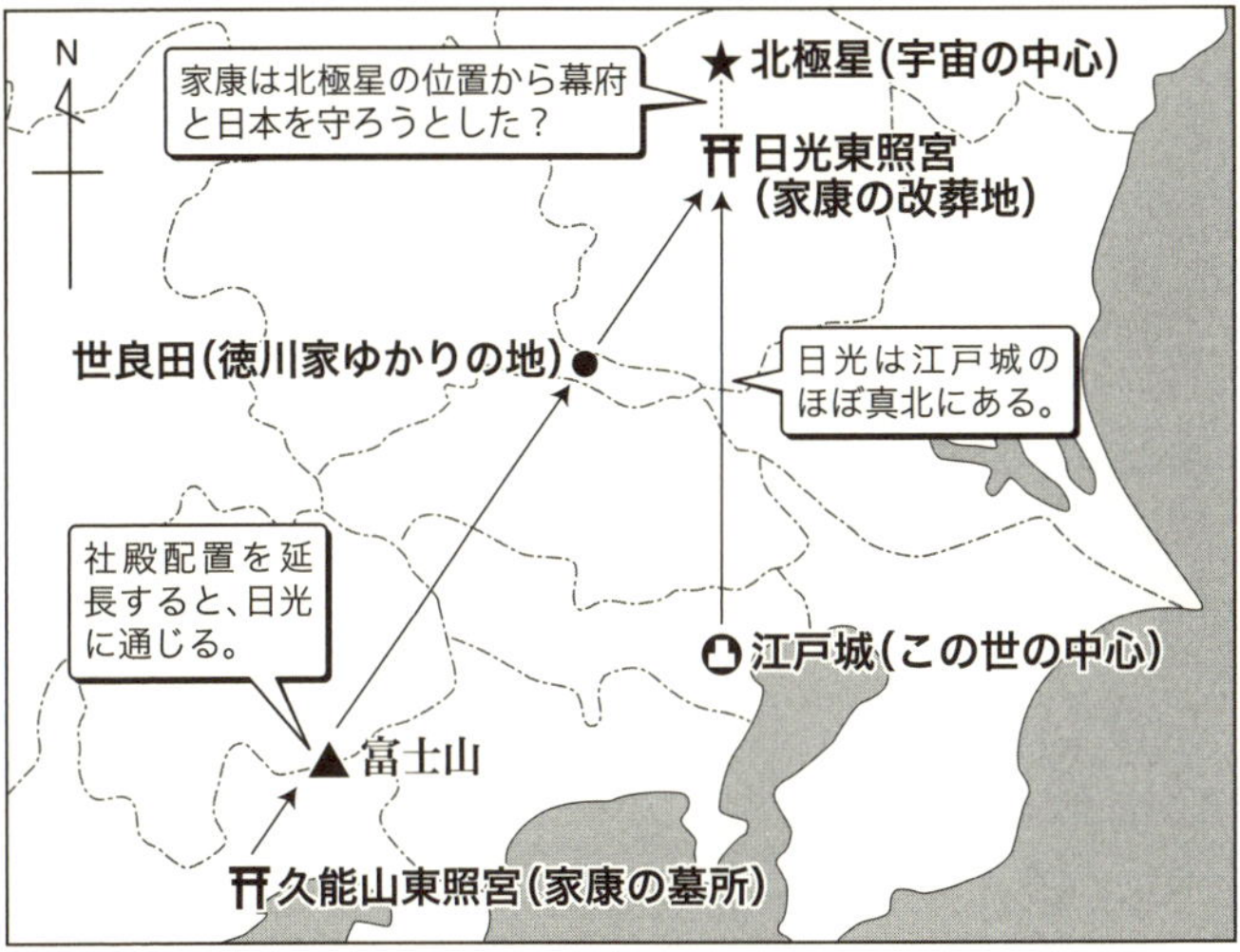
N
★北極星（宇宙の中心）
家康は北極星の位置から幕府と日本を守ろうとした？
日光東照宮（家康の改葬地）
世良田（徳川家ゆかりの地）
日光は江戸城のほぼ真北にある。
社殿配置を延長すると、日光に通じる。
江戸城（この世の中心）
富士山
久能山東照宮（家康の墓所）

心である江戸城のほぼ真北に日光が位置している。つまり家康は、久能山で神としてよみがえり、北極星の位置から日本の平和を守ろうとしたと考えられるのだ。

また、久能山と日光の位置関係も大きな意味をもつ。久能山東照宮の社殿の配置は、楼門《ろうもん》、拝殿《はいでん》、本殿《ほんでん》、墓所と北北東に延びている。これを延長すれば、富士山を越えて、徳川家の祖先の出身地である上野国（群馬県）の世良田《せらだ》を経て日光へと至る。

富士山は音にすると「不死」に通じる。つまり、久能山に葬られたのちに神としてよみがえった家康が不死の山（富士山）を通って永遠の存在として日光に鎮座する。こうした壮大な物語を、家康は思い描いていたに違いない。

川が斜めに流れている!? 水路が語り継ぐ那須野が原の開拓史

水は高いところから低いところへと流れる――。これが世間一般の常識だが、栃木県北部の那須野《なすの》が原《はら》には、その常識を覆《くつがえ》すかのような奇妙な水路が存在する。南北に貫流する那珂川《なかがわ》や箒川《ほうきがわ》を横切るように、謎の水路が通っているのだ。

また那珂川の上流に行くと、水門のような施設がある。岩山に組み込まれた石造りの建造物も残っており、長い歴史を感じさせる。

この不思議な水路の正体は「那須疏水《なすそすい》」と呼ばれる人工の水路であり、水門のような施設は那須疏水の取水口（川から水を取り入れる施設）である。

今でこそ那須野が原には牧場や田園など緑豊かな風景が広がっているが、かつては石ころがゴロゴロ転がる荒涼とした土地で、水がほとんど得られなかった。

また那須野が原の中央には、蛇尾川《さびがわ》と熊川《くまがわ》が流れているが、どちらもひとたび山を出ると地下に浸透する「水無川《みずなしがわ》」になってしまう。地面を掘って地下水をくみ上げようとしても、地下四〇メートルもの深さまで掘らなければならず、不便なことこの上なかった。そ

※那須野が原を横切る那須疏水

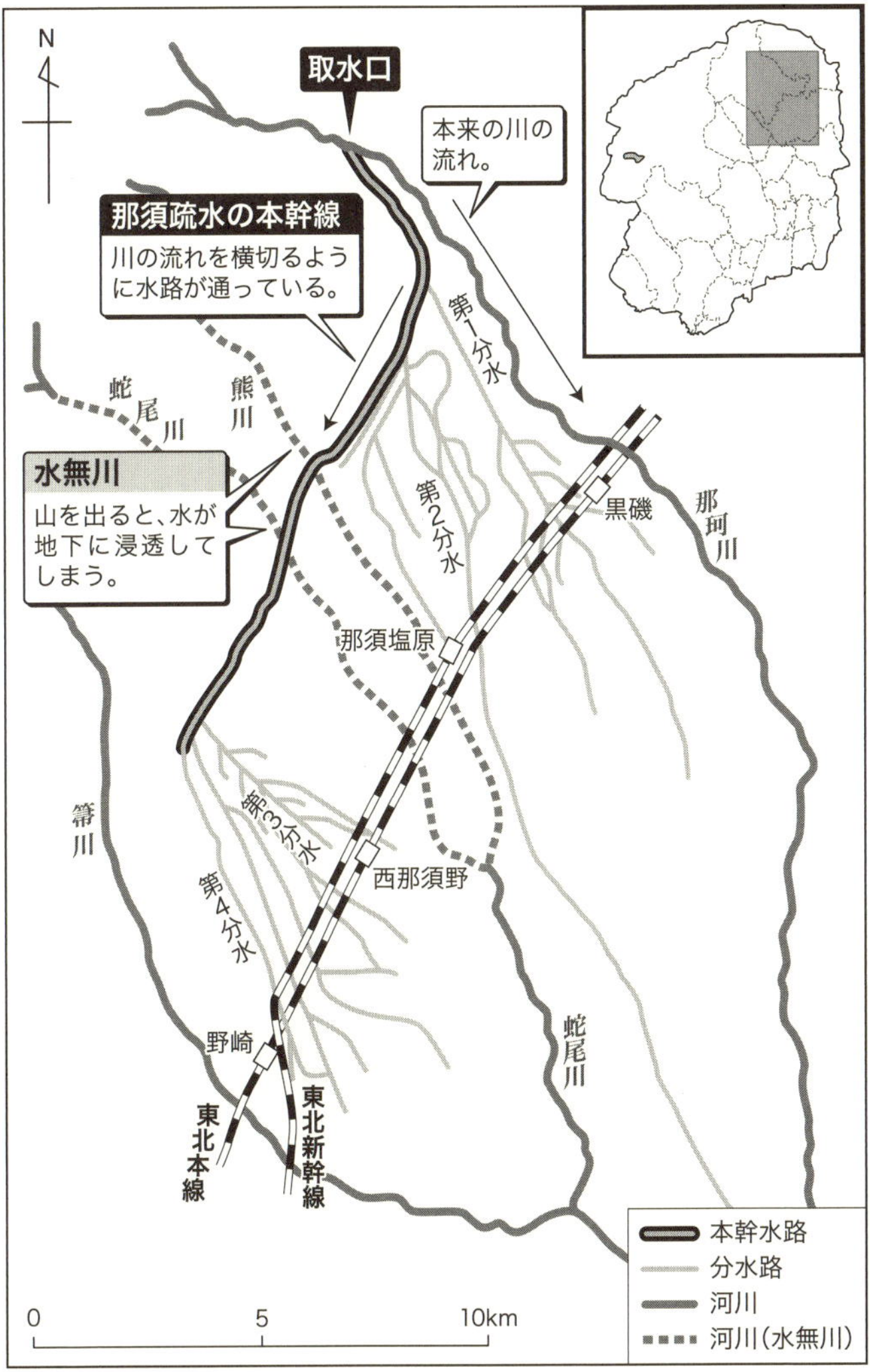

こでつくられることになったのが那須疏水である。

那須疏水の歴史は、明治時代前半にまでさかのぼる。一八八〇（明治一三）年、那須野が原に大規模農場が創設され、多くの入植者が移住してきた。しかし土地はやせており、水源もないから、粟《あわ》や稗《ひえ》くらいしか育たない。入植者は天秤棒をかついで遠くの川まで水をくみに行き、不毛な畑を耕しながら栗拾いや炭俵編みの収入で日々の暮らしを凌ぐという過酷な生活をしいられた。そうした状況を打破しようと動いたのが地元の有力者・印南丈作《いんなみじょうさく》と矢板武《やいたたけし》だ。

印南と矢板は、那須野が原に大運河を造るべく奔走した。政府が工事費の負担をためらうのを横目に、村人の協力を得ながら旧式の道具で工事を進め、一八八二（明治一五）年一一月におよそ一年がかりで水路を完成させる。しかし、この水路は日常生活に最低限必要な飲み水用の水路でしかなく、この地で農作物を育て、暮らしの糧を得るにはより大きな水路をつくる必要があった。

その後、二人は政府に資金援助要請を行ったが、色よい返事は得られなかった。そこで一八八四（明治一七）年に私費を投じて工事をはじめたものの、やがて資金は底をつく。

もはやこれまでか……そうあきらめかけたとき、ようやく政府が出資してくれることになった。一八八五（明治一八）年四月からはじまった工事は、入植者のほか五三〇〇人を

那須疏水公園に残る石組みの水門。那須野が原開拓の象徴的な施設で、日本の近代化に貢献した土木遺産として保存されている（那須塩原市提供）。

超える囚人が投入されたこともあって順調に進み、同年九月、那須野が原を横断する一六・三キロメートルの水路の本幹線が完成。さらに翌年には四本の分水路が建設され、飲み水だけでなく畑作や稲作にも用いられるようになった。のちに安積《あさか》疏水（福島県）、琵琶湖疏水（滋賀県・京都府）とともに「日本三大疏水」のひとつに数えられる那須疏水が、ここに完成したのである。

現在、那須疏水は総延長三三〇キロメートルまで延び、約四万ヘクタールの那須野が原の大地を潤している。

那須塩原市西岩崎の那須疏水公園には、古くなった取水施設土木遺産として保存されているので、ここを訪れ、先人たちの知恵と努力の跡を見ておくのもいいだろう。

江戸時代にタイムスリップ 栃木市が「蔵の街」になった経緯

かつて県庁が置かれていた栃木市は、現在も県南部の中心都市のひとつとして位置づけられている。裁判所や税務署、年金事務所などの行政機関が集まっていることからも、栃木市の重要性がうかがえる。

その栃木市には「蔵《くら》の街・栃木」というキャッチフレーズがある。江戸時代に建てられた蔵屋敷や白壁の家並が多く残っているからだ。栃木駅前から続く蔵の街大通りや嘉右衛《かえ》門町《もんちょう》通りには土蔵造りの商家や洋風の店舗が立ち並び、巴波《うずま》川沿いには白壁黒塀の土蔵が続く。まるで江戸から明治、大正時代にタイムスリップしたかのような、郷愁を誘う雰囲気が漂っているのである。

もともと栃木は宿場町としてにぎわっていた歴史をもつ。江戸時代はじめの一六一七（元和三）年、徳川家康が日光山へ改葬されると、その後、一六四三（正保三）年から二二一年にわたって京都から例幣使《れいへいし》という勅使が訪れた。栃木は彼らが通る例幣使街道の宿場町となり、ヒトとモノが集まって、次第に繁栄していった。だが栃木の発展要因は、宿場町になったことだけではなかった。じつは栃木は、陸上交通の要衝であると同時に水運の要衝でもあり、江戸時代には巴波川の舟運による交易で栄えていたのだ。

巴波川は、下流で渡良瀬川に合流したのちに利根川、江戸川を経て江戸へとつながる。人々はこの水運を利用して江戸へ木材や麻、米、酒、綿、タバコなどを運び、江戸からは塩、砂糖、茶、呉服、小間物などの日用品を運んでいた。

当時の流通は、陸送よりも水運のほうが主流だったため、栃木は宿場町のみならず商都ともなった。こうして栃木は、「水陸の玄関口」として大いに栄えたのである。

栃木の豪商は、富の象徴として立派な蔵を建てたため、街には次第に蔵屋敷が増えていく。なかには木造を選んだ商人もいたが、幕末になるとみな土蔵造りを選ぶようになった。そのきっかけは火災にあったといわれている。

幕末期、栃木は四回も大きな火事に見舞われ、そのたびに大きな被害が生じた。このとき、木造の建物はあっという間に燃えてしまったのに対し、外壁が土で塗り固められた土蔵の建物の被害は少なく、なかの商品なども無事だった。そこで商人たちは、家を再建する際に土蔵造りにしたというのである。

栃木市が「蔵の街」といわれるようになった背景には、こうした歴史があった。現在はこの歴史を観光資源化し、市のＰＲ材料にしている。

壇ノ浦の戦いで敗れた平家が、栃木の山奥まで逃げてきていた!?

裏日光の山奥の渓谷沿いに、旅館がひっそり立ち並ぶ湯西川《ゆにしがわ》温泉（現日光市、旧栗山村）は、まさに「秘湯」という形容がふさわしい温泉地である。一五七三（天正元）年の温泉発見以来、四〇〇年以上の歴史をもち、季節を問わず多くの旅行客を集めている。

この湯西川温泉が有名なのは、秘湯としてだけではない。じつは「平家落人《おちうど》の里」としてもよく知られているのだ。

一一八五（元暦《げんりゃく》二）年三月二四日。壇ノ浦《だんのうら》（山口県下関《しものせき》市）の合戦で源氏に敗れた平家は、安徳《あんとく》天皇をはじめ、その祖母の二位尼《にいのあま》（平時子《ときこ》＝清盛の正室）ら一族郎党が次々と海に身を投げた。そのほかの者も容赦なく惨殺され、平家一族は滅亡した――。これが歴史の授業で習う、いわゆる「正史」である。

しかし、一族のなかには運良く生きながらえた者もいた。彼らは源氏の追手を逃れて人里離れた地に身を隠し、平家落人の里をつくってひっそり暮らしたという。そんな落人伝説が全国一三〇もの地域に残っている。伝説の地は西日本に多いが、栃木県内にも落人伝説が伝わる地が存在する。それが湯西川温泉だ。

湯西川温泉に伝わる落人伝説の主人公は、平忠実《ただざね》（清盛の嫡男・重盛《しげもり》の六男）。忠実は源氏に追われる身となると、親類の宇都宮朝綱《ともつな》を頼って関東に逃げ延び、隠れて生活を送った。しかし、五月に一族の女が男児を出産したため、お祝いに残り布でのぼりをあげたところ、そののぼりが運悪く源氏方に見つかってしまう。再び追われる身となった一族は、湯西川へと逃げてきた。そして湯西川を永住の地と定め、ひっそりと暮らしたというのだ。

実際、湯西川温泉には、現在でも端午《たんご》の節句に鯉のぼりを上げず、内飾りだけで済ます風習が残っている。また、昭和のはじめ頃までは、「鳴き声から所在を悟られぬように鶏を飼わない」「他国の人との会話を避ける」「目立たぬように煙を立てない」といった落人の里らしい風習が長く残っていたという。さらに、この地域の集落に「平の人」を変形させた「伴」姓の人が多いことも、落人伝説の裏づけとして指摘されている。

壇ノ浦の合戦から八〇〇年以上もの時を経た今となっては、源氏と平家に遺恨は残っていないだろう。それでも一九九四（平成六）年には、湯西川温泉で平家の子孫たちと鎌倉の源頼朝会との間で和睦式が行われた。源平の和解を改めて示そうというのだ。

これを機に、湯西川温泉は「縁結びの里」としても知られるようになり、ますます多くの旅行客が集まるようになっているという。

結城は茨城県……栃木県の特産品が「結城紬」と呼ばれるワケ

日本伝統の衣料素材といえば、綿や麻、絹などが思い浮かぶ。あまり知られていないが、栃木県はこれらすべての名産地である。

綿（木綿）は江戸時代に真岡《もおか》一帯で生産され、綿の栽培から機織《はたお》りまで行われていた。戦後になると生産は途絶えてしまったが、今も機織り技術者が伝統を伝えている。

麻は現在、日本全体で6ヘクタールほどの栽培面積しかないが、そのうちの9割近くを占めているのが栃木県で、鹿沼《かぬま》市などにとくに多い。

絹織物の産地として知られていたのが足利。解《ほぐ》し絣《かすり》という特徴的な技法を用いた「足利《あしかが》銘仙《めいせん》」は、明治時代から昭和初期にかけて全国に名をはせた。

そして小山市や下野市では、紬《つむぎ》の生産が行われていた。いわゆる「結城《ゆうき》紬」である。紬は生糸としては使えないくず繭《まゆ》を原料とする庶民の知恵から生まれた織物。繭から直接糸をとるのではなく、煮た繭を手で広げ、真綿にしてから手でつむいで糸にする。この糸で織ると、丈夫で軽い絹織物ができる。しかも、着続けるうちに風合いがよくなり、なんともいえない味わいをかもしだす。着物通の人が好む傾向にあるのが特徴だ。最近ではおしゃれ着としても受け入れられつつあり、二〇一〇（平成二二）年には、結城紬の生産技術がユネスコの無形文化遺産に登録された。

さて、結城紬と聞いて、なんとなく違和感をもつ人はいないだろうか。結城は隣の茨城県の地名である。なぜ、栃木県の特産品に茨城県の地名がついているのか。

その理由としては諸説いわれているが、有力なのは平安時代末期以降、北関東に一定の勢力を保ち続けた結城氏に由来するという説だ。

平安時代末期、下総《しもうさ》結城を領した結城氏は、鎌倉時代には幕府の有力御家人《ごけにん》となり、南北朝時代には足利氏に所属、のちに戦国大名化となった。この結城氏の元でつくられた紬が幕府などにも献上されたため、家名にちなんで「結城紬」と呼ばれるようになったのではないかというのである。

江戸時代になると、結城紬は特産品化し、江戸を中心に各地に流通する。それらは結城の問屋から出荷されたため、「結城紬」になったともいわれている。

いずれにせよ、結城市限定の特産品だから結城紬というわけでないことはたしかだ。昭和一〇年代には栃木県での生産量が全生産量の七割を占めたこともある。結城紬は胸をはって、「栃木県特産品」といえるものである。

仏教界の巨人・親鸞ゆかりの地が栃木県に多いのはなぜ？

日本の仏教には天台《てんだい》宗や真言《しんごん》宗、浄土《じょうど》宗、臨済《りんざい》宗、日蓮《にちれん》宗など、大きく一三の宗派がある。そのなかで最大の宗派が浄土真《じょうどしん》宗で、信徒の数は一二四〇万人を超えるといわれる。栃木県にも浄土真宗の家が比較的多い。

浄土真宗の開祖といえば、親鸞《しんらん》だ。親鸞は「善人《ぜんにん》なほもつて往生《おうじょう》をとぐ、いはんや悪人《あくにん》をや（善人でさえ救われるのだから、悪人が救われないはずはない）」の「悪人正機《しょうき》説」を思想の核として生きた高僧。みずからの生きる姿勢として非僧非俗《ひそうひぞく》（僧侶でもなく、俗人でもない）の態度を貫き続け、僧侶の禁忌《きんき》とされる肉食妻帯《にくじきさいたい》を実践するなど、一見、破《は》戒僧《かいそう》ととられかねない生涯を送ったことでも知られている。

その親鸞は京都の出身だが、栃木県内には親鸞ゆかりの旧跡がいくつか残されている。そして、そのことと浄土真宗の信徒が多いことは強く関係している。さて、日本仏教界の巨人・親鸞と栃木県の間にどのような関係があるのだろうか。

まず、栃木県内の親鸞ゆかりの地としては、真岡市（旧二宮《にのみや》町）の高田山専修寺《せんしゅうじ》があげられる。ここは浄土真宗高田派の本寺《ほんじ》で、親鸞が建てたとされる寺。如来堂《にょらいどう》には親鸞が長野県の善光寺《ぜんこうじ》から迎えたという一光三尊像（秘仏）が安置されている。

専修寺から約二・五キロメートル離れた真岡市三谷《みや》には、親鸞が専修寺建立に際して仮住まいしたとされる三谷草庵がある。親鸞に援助を申し出た真岡城主・大内国時《おおうちくにとき》が提供した住居で、現在は仏堂や庫裡《くり》のほか、親鸞が使ったとされる泉が残っている。

下野《しもつけ》市の蓮華寺《れんげじ》には、親鸞が大蛇を救ったとされる言い伝えが残されている。大蛇が潜んでいたと伝わる淵は「親鸞池」と呼ばれ、夏には水がたまって池のようになる。

親鸞の足跡をたどると、京都で布教活動中に弾圧にあい、越後《えちご》（新潟県）に流された。その後、四〇歳代で関東に移り、常陸国下妻《ひたちのくにしもづま》（茨城県下妻市）や稲田（笠間市）を中心に布教活動を行った。常陸を拠点としたのは、妻・恵信尼《えしんに》の父の所領があったからだろうとみられている。関東での布教活動は親鸞が六〇歳の頃まで続き、その間には下野国（栃木県）で活動することも多かった。そうした人々との交流のなかで、親鸞は専修寺を創建したり三谷草庵を結んだりしたのだろう。門弟《もんてい》（弟子）もたくさんでき、親鸞が京都へ帰ってからは彼らが布教を続け、信徒を増やしていった。

つまり、親鸞にとって関東や栃木は、第二の故郷のようなもの。そこにゆかりの地が多く残されているのは必然といえるのである。

赤城山はカムフラージュだった？
徳川埋蔵金は栃木県にあり！

日本に数ある埋蔵金伝説のなかで、最も有名なもののひとつが徳川幕府の埋蔵金伝説だろう。その額、なんと四〇〇〇万両ともいわれ、一九九〇年代前半には多くのマスコミが取り上げ、一大ブームを巻き起こした。

埋蔵金の隠し場所としては、群馬県の赤城《あかぎ》山が有力視され、実際に発掘作業が行われたが、結局のところ発見されることはなかった。

その徳川埋蔵金が栃木県に存在するとの説がある。日本トレジャー・ハンティング・クラブによると、赤城山説はカムフラージュであり、本当は日光市（旧足尾《あしお》町）の庚申山《こうしんざん》に隠されているというのだ。

埋蔵金に限らず、秘物を埋蔵する場合には、偽の埋蔵場所をいくつかつくり、本物が発見されないようにする方法がある。中国伝来の「八門遁甲」という兵法だ。

徳川幕府はこの兵法を用いて埋蔵金を隠した。埋蔵金があたかも赤城山に埋まっているかのような偽情報をばらまき、埋蔵金を狙う者たちをミスリードさせたというのである。

※栃木県に伝わる埋蔵金伝説

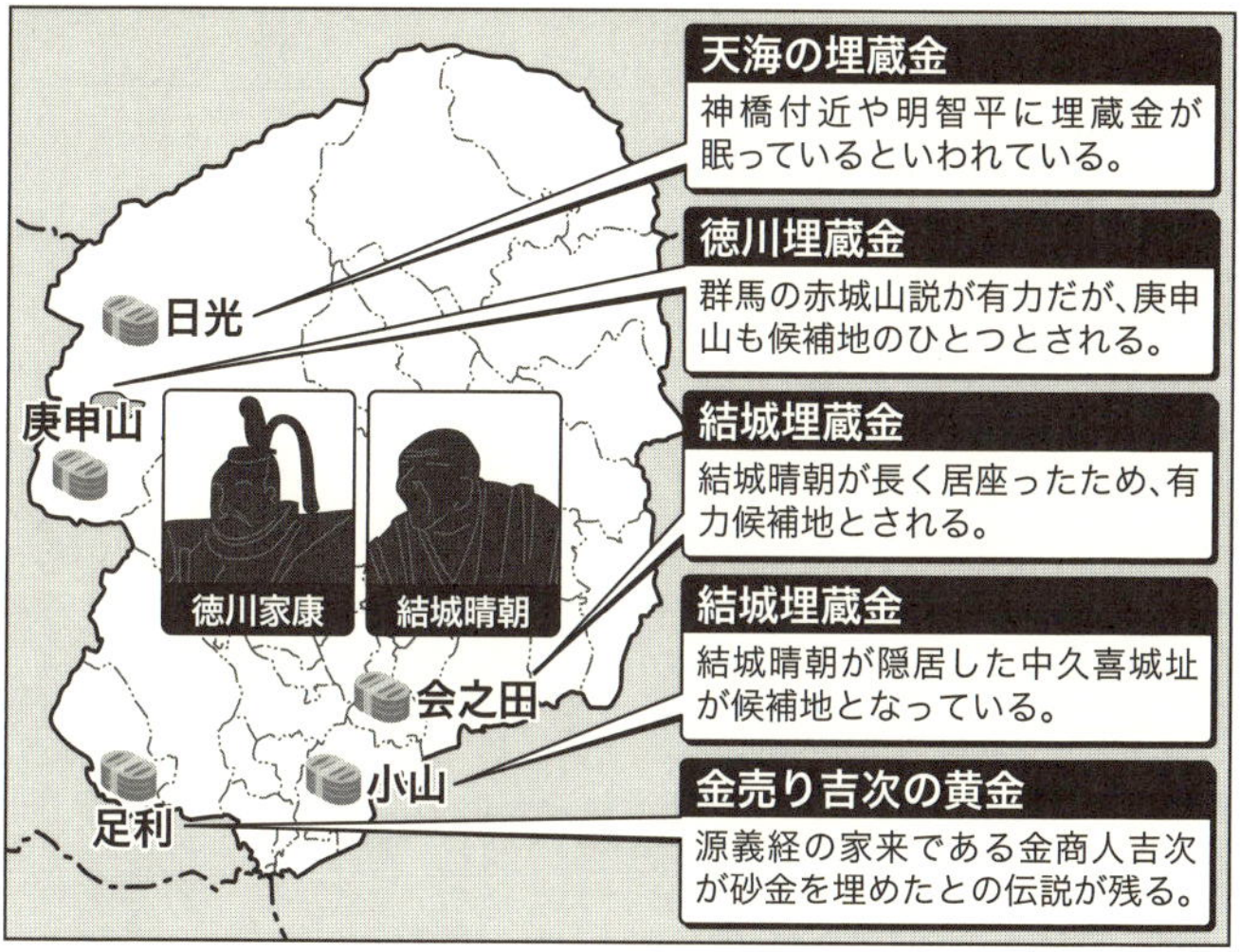

天海の埋蔵金
神橋付近や明智平に埋蔵金が眠っているといわれている。
徳川埋蔵金
群馬の赤城山説が有力だが、庚申山も候補地のひとつとされる。
結城埋蔵金
結城晴朝が長く居座ったため、有力候補地とされる。
結城埋蔵金
結城晴朝が隠居した中久喜城址が候補地となっている。
金売り吉次の黄金
源義経の家来である金商人吉次が砂金を埋めたとの伝説が残る。
日光
庚申山
徳川家康
結城晴朝
会之田
小山
足利

日光には、家康のブレーンとして活躍した僧侶・天海《てんかい》の埋蔵金伝説も残されている。天海は家康の日光改葬を取り仕切り、自身も日光に埋葬されたが、その前半生は謎に包まれている。一説によると彼の正体は明《あけ》智《ち》光秀《みつひで》で、明智家再興のための軍資金を隠しもっていたともいわれており、その軍資金の隠し場所が日光である可能性が高いというのだ。

候補地のひとつが、日光の中禅寺湖《ちゅうぜんじこ》の近くにある「明智平《あけちだいら》」。ここが天海の本姓である明智に関連する土地だとすれば、軍資金が隠されていたとしても不思議はないだろう。

徳川埋蔵金、多田銀山（兵庫県・大阪府）の豊臣秀吉の埋蔵金とともに、「日本三大埋蔵金」とされている結城《ゆうき》氏の埋蔵金も栃木県に隠されている可能性がある。

結城氏は平将門の乱で活躍した藤原秀郷《ふじわらのひでさと》を祖とする下野国（栃木県）の有力豪族・小山氏の流れをくむ名門で、平安末期から戦国時代まで下総結城をおさめていた。鎌倉時代には源頼朝による奥州藤原氏征伐で先陣を切り、頼朝の信頼を獲得、奥州藤原氏が貯め込んでいた黄金のほとんどを恩賞として受け取り、結城家代々の財宝として伝えたといわれる。

一七代目の当主となった結城晴朝《はるとも》は、実子に恵まれなかったため、家康の次男・秀康《ひでやす》を養嗣子に迎えて家督を譲り、みずからは会之田《あいのた》（現・栃木県下野市）に隠居したという。

その後、関ヶ原の戦いで勝利した家康が幕府を開くと、家康は秀康に越前（現・新潟県）への移封を命じる。当主が移封になれば、隠居の身とはいえ、当主について越前に赴くのが筋。ところが晴朝は、何かと理由をつけて一年間も会之田に居座ったのである。この一年間は、埋蔵金を隠すために費やされたのではないかといわれる。

家康が結城氏に移封を命じたのも、結城氏の埋蔵金を取り上げるためだったとされ、家康は実際に晴朝が越前に赴いたのちに埋蔵金探しを行っている。しかし、家康は埋蔵金を見つけられず、八代将軍・吉宗《よしむね》もまた発見できなかった。

さらに大正時代には、旧結城藩当主家の水野直子爵《みずのなおし》が、昭和時代にも仲元虎斎氏が、それぞれ大がかりな発掘を行ったが、いまだに発見されていない。

第四章
栃木の「名所・珍スポット」を巡り楽しむ

まるで地下神殿のよう……あまりに巨大で幻想的な大谷の採石場跡

栃木県では住宅や蔵の壁、塀などの建設資材に大谷石《おおやいし》を利用することが多い。とくに宇《う》都宮《つのみや》市内では大谷石の建物を至るところで見かける。たとえば、国の有形文化財のカトリック松《まつ》が峰《みね》教会や、宇都宮市のシンボルとなっている駅前の餃子《ぎょうざ》像が大谷石製だ。県外の建築物では、フランク・ロイド・ライト設計による旧帝国ホテルに大谷石が使われていたことが知られている。

大谷石は、軽量で柔らかく加工しやすい。しかも耐火性に優れている。そのため、古墳時代からすでに建築資材として重用されており、江戸時代になると価格が安いこともあって全国各地に広まった。

大谷石が採掘されるのは、宇都宮駅から北西約八キロメートルの郊外に位置する大谷地区。東西約八キロメートル、南北約三七キロメートルにわたって分布し、推定埋蔵量は一〇億トンにも達する。

採掘場は今でこそ八ヵ所しか稼働していないが、跡地や廃坑を含めると二五〇ヵ所にも

大谷石の石壁。火山活動によって生まれた緑色の凝灰岩で、軽くて加工がしやすく耐久性にも優れている。栃木県内には大谷石製の建築物がたくさんある。

のぼり、一九一九（大正八）年から一九八六（昭和六一）年までの約七〇年間で、約一五〇万トンもの大谷石が採掘された。

当初、採掘作業はツルハシによる手掘りで行われていたため、どんな職人でも一日あたり一二本の石材（一本のサイズは18×30×90センチメートル）を掘るのがやっとだったといわれる。しかし一九六〇（昭和三五）年に機械化がなされると、作業が一気に効率化し、年間生産量は手掘り時代の二倍にまで増えた。

石材が切り出されれば切り出されたぶんだけ地下に空間ができ、その空間は少しずつ広がっていった。そうして長い年月をかけてできたのが、信じられないほど大きな地下空間である。

地中深くに眠る巨大な地下神殿

現在、大谷資料館の地下採掘場跡として一般公開されている巨大地下空間は、最も深い部分で深さ六〇メートル、広さ二万平方メートルにも達する。東京ドームのグラウンドが、すっぽり丸ごとおさまってしまうほどの広さだ。地上からは、まさかこれほどの広い空間が地中に広がっているとは想像もつかない。

入り口を入ると内部は薄暗く、ひんやりとした空気が漂う。そして階段を下りていくと、天井まで二〇～三〇メートルもある広大な空間がひらけてくる。電球のほのかな光と大谷石の白い壁が織りなすコントラストはあまりにも神秘的で、まるで地下神殿にでもいるかのような気分になる。

じつはこの巨大地下空間は、戦時中は旧日本陸軍の施設として使われていた。地下という場所、広大なスペースを利用し、軍の倉庫として、また戦闘機製造で名高い中島飛行機（現・富士重工）の工場として使われていたのだ。当時は一万五〇〇〇人もの人々がここで働いていたが、秘密の地下施設の存在が外部に漏らされることはなかったという。

戦後、軍施設は撤去され、採掘が本格化。一九八六（昭和六一）年まで採掘が行われた。それ以降は一般公開されるようになり、今では観光スポットとして注目を集めている。

地下採石場跡。天井まで20 ～ 30メートルくらいあり、東京ドームのグラウンドがまるごと入るほど広い。最近はテレビ番組や映画のロケにも使われている。

なかでも最近人気なのが「地底湖ツアー」だ。深さ一〇～一二〇メートルほどの地層から掘りはじめる地下採掘では、その過程で地下水がしみだして地下水がたまり、地底湖ができることがある。その地底湖をラフティングボートでめぐるのである。

また、テレビ番組や映画、音楽のプロモーションビデオのロケ地、コンサート会場として使用されることも少なくない。映画では『セーラー服と機関銃』『20世紀少年』、音楽ではＧＬＡＹの「ＳＯＵＬ　ＬＯＶＥ」などがここで撮影された。

地上には、大谷石の採掘史などにまつわる資料を展示した大谷資料館もある。宇都宮を訪れた際は、ぜひここに立ち寄ってみたい。

栃木県に二つある二荒山神社
両社はどんな関係なのか?

栃木県には、宇都宮市と日光《にっこう》市に「二荒山神社」という同じ名前の神社が存在する。宇都宮市の二荒山神社は「ふたあらやまじんじゃ」、日光市の二荒山神社は「ふたらさんじんじゃ」と読み方こそ異なるが、字面《じづら》はまったく同じだ。同名の神社が県内に二つ存在するとなると、分社か何か、両社になんらかの関係性があるのではないかと考えるのが自然だろう。ところが、この二つの神社はまったく別々の神社なのである。

宇都宮二荒山神社は、宇都宮市の中心に位置する。参道を通って長い階段をのぼると、下界を見下ろすように本殿《ほんでん》が鎮座《ちんざ》している。宇都宮市民は初詣《はつもうで》から七五三、合格祈願まで、ことあるごとに足を運ぶ。商売繁盛にご利益があるとされていることから、商談の前に立ち寄るビジネスマンも多い。まさに市民の精神的よりどころといえる神社だ。

主祭神は第一〇代・崇神《すじん》天皇の子で、上野《こうずけ》国（現・群馬県）・下野《しもつけ》国（現・栃木県）の有力豪族の祖先といわれる豊城入彦命《とよきいりひこのみこと》。社伝によると、豊城入彦命は大和《やまと》より下って東国を支配したのちに、主祭神として祀《まつ》られることになった。商売繁盛のほか、戦勝祈願の

宇都宮二荒山神社。宇都宮市の中心に位置し、高い階段の上からは市内を一望できる。市民からは「二荒（ふたあら）さん」と呼ばれ、親しまれている。

神としても有名で、かの源頼朝《みなもとのよりとも》や徳川家康も参拝したことがあるという。

また下野国で一番格式が高い「下野国一《いちの》宮《みや》」を掲げており、宇都宮の地名はこの「いちのみや」が訛《なま》って「うつのみや」になったという説もある。実際、九二七（延《えん》長《ちょう》五）年に編纂された『延喜式《えんぎしき》』の「神名《しんめい》帳《ちょう》」には、下野国の筆頭として記されているうえ、そもそも宇都宮がこの二荒山神社の門前《もんぜん》町として開けたという経緯もある。

一方、日光二荒山神社は、徳川家康を祀る日光東照宮《とうしょうぐう》に隣接する。二荒《ふたら》山（男体《なんたい》山）をご神体とし、大己貴命《おおなむちのみこと》、田心姫命《たごりひめのみこと》、味耜高彦根命《あじすきたかひこねのみこと》を祀っている。大己貴命は別名大国主命《おおくにぬしのみこと》、大国《だいこく》（＝大黒《だいこく》）様とも呼ばれ親しまれている幸運の神だ。

日光二荒山神社。徳川家康を祀る日光東照宮に隣接する。背後にそそり立つ男体山をご神体としている。

　創建したのは、日光を開山したとされる勝道上人《しょうどうしょうにん》。勝道上人が苦難のすえにはじめて二荒山登頂を成し遂げた七八二（天応《てんおう》二）年、山頂に祠《ほこら》を祀ったのが現在の奥宮にあたるとされている。七八四（延暦《えんりゃく》三）年には中禅寺《ちゅうぜんじ》湖畔に日光山権現《ごんげん》（中宮祠《ちゅうぐうし》）が、七九〇（延暦九）年には本宮神社が建てられた。鎌倉時代には幕府に守られ、神領を得たりもしている。明治時代の神仏分離以降は近代社格制度のなかで国幣中社《こくへいちゅうしゃ》に位置づけられ、保護されてきた。

　このように、栃木県の二つの二荒山神社はいずれも県民から厚い信頼を寄せられているという点では共通している。しかし、起源も祭神も名前の読み方も異なる縁もゆかりもない神社だ。

渡良瀬橋のたもとに立つと森高千里の名曲「渡良瀬橋」が流れてくる！

♪渡良瀬橋《わたらせばし》で見る夕日を　あなたはとても好きだったわ……このワンフレーズを耳にした多くの栃木県民は、強い郷愁の念にかられるに違いない。そう、森高千里《もりたかちさと》の名曲「渡良瀬橋」だ。

渡良瀬川は日光市と群馬県沼田《ぬまた》市との境にある皇海山《すかいさん》に源を発し、足利《あしかが》市や佐野《さの》市などを経て利根《とね》川に合流する全長一〇八キロメートルの川。足利市はこの川によって南北に隔てられており、市内中心部には三本の橋が架かっている。そのうち一番西側にあるのが、件《くだん》の渡良瀬橋である。

一九〇二（明治三五）年に初代の渡良瀬橋が完成し、そののち架け替え工事があったため、現在架かっているのは一九三四（昭和九）年に落成した三代目となっている。

森高はこの渡良瀬橋と足利の街をモチーフに詞を書き、一九九三（平成五）年に「渡良瀬橋」のタイトルでリリースした。大ヒットとまではならなかったが、三〇万枚以上のCDを売り上げ、テレビ番組『いい旅・夢気分』のテーマ曲としても使われた。二〇〇四

（平成一六）年には当時の人気アイドル・松浦亜弥《まつうらあや》がカバーしている。

「渡良瀬橋」には渡良瀬橋のほかにも足利市内の「八雲神社《やぐも》」や「床屋の角にポツンとある公衆電話」など、実在する情景が読み込まれている。そのため栃木県民の間での人気は非常に高く、とくに渡良瀬橋周辺で暮らしたことのある人のなかには、イントロが流れただけで涙腺が緩んでしまうという人が少なくない。

しかし、「渡良瀬橋」を作詞した森高は栃木県民ではなく、大阪生まれの熊本育ちだ。いったいなぜ、地元民でない彼女が渡良瀬橋をモチーフに曲をつくったのだろうか。

朝日新聞の記事によると、森高はかつて足利市内の大学の学園祭に呼ばれたことがあった。その帰り道、たまたま通りかかった渡良瀬橋の景色や夕景に魅《み》せられ、曲をつくったのだという。つまり、偶然の出会いが感動の名曲を生んだのである。

二〇〇七（平成一九）年には、渡良瀬橋の北側のたもとに「渡良瀬橋」の歌碑が設置された。高さ約一・四メートル、幅一・二メートルの赤御影石でできた歌碑には、渡良瀬橋の詞が刻まれており、横に設置された再生ボタンを押すと「渡良瀬橋」がフルコーラスで流れる仕組みになっている。また、二〇一二（平成二四）年には歌詞に登場する八雲神社が全焼するという災難に見舞われたが、その翌年には森高が八雲神社の復興のための寄付金を手渡している。森高と栃木県の縁は現在も続いているのだ。

※「渡良瀬橋」に登場する場所（足利市内）

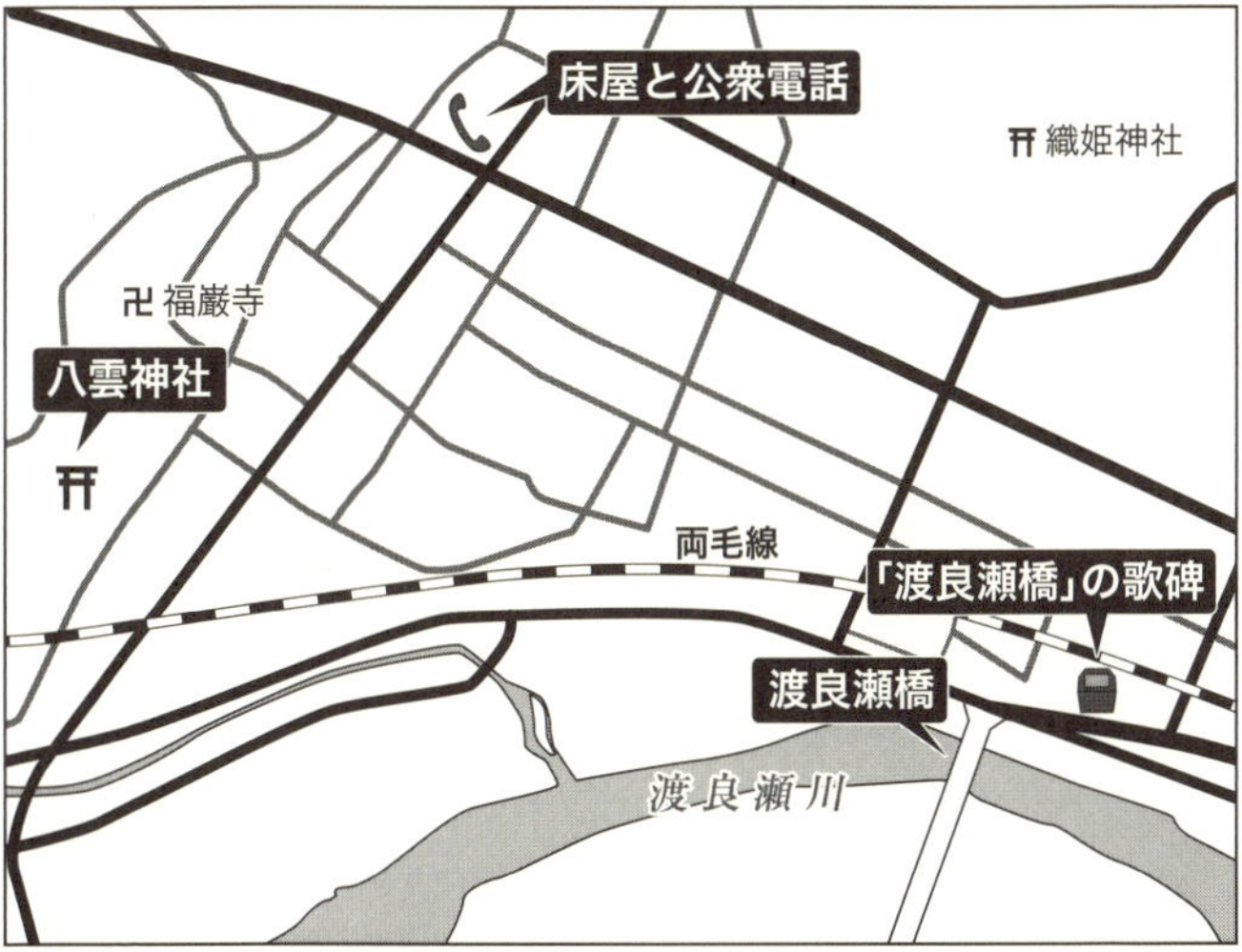

渡良瀬橋の夕景。森高千里は学園祭の帰りにこの景色を見て感動し、「渡良瀬橋」の曲を作った。橋の北側のたもとには歌碑が立っている（足利市提供）。

夏休みの超人気スポット・一万人プール ところで何が一万人？

「海なし県」であることが栃木県民のコンプレックスになっていることは、先述したとおりだ。そんな海なし県民にとって夏の定番行楽スポットとなっているのが、真岡《もおか》市の井頭《いがしら》公園内にある一万人プール（通称・マンプー）だ。

一万人プールは、一九七三（昭和四八）年七月に約一〇億二〇〇〇万円をかけて建設された巨大なプールで、毎年七月から八月に学校の夏休みに合わせる形でオープンする。

「一万人プール」というなんとも大それた名称は、プールの水面積が一万五〇〇〇平方メートルあり、一人につき一平方メートル割り当てると一万人が同時に泳げるということからつけられた。陸地も入れた総面積は、およそ七ヘクタール（東京ドーム１個分が５ヘクタール）になるというから、その規模は推して知るべしである。

海水浴をしたくなった栃木県の小学生は、この一万人プールの波のプールで海水浴気分を堪能《たんのう》する。波は最大九〇センチメートルにも達し、本物の海のようなのだ。

波のプールのほかには、ウォータースライダーの人気が高い。ウネウネ、グルグルと回りながら落ちるらせん型スライダーが二レーンあり、常に長蛇の列ができている。さらに一周四〇〇メートルを流れに乗って泳ぐ流れるプールや、小さい子ども用のちびっこプール、じゃぶじゃぶ池など、さまざまなプールが備えられている。子連れでもカップルでも、友だち同士でも、誰でも楽しむことができる。

とはいえ、真岡市の人口は約八万人しかいない。その人口規模からすると、一万人プールとは大きく出すぎではないか、という見方もあるだろう。たしかに、一日あたりの平均入場者数は三〇〇〇人程度にとどまっているが、そこは海なし県である。二〇一三（平成二五）年の一日当たりの最多来場者数は一万一五〇〇人。一日に一万人以上来場することもあるのだ。さらに、開業以来の最多入場者数を調べてみると、一九七八（昭和五三）年八月六日に二万七一三六人を記録している。当時を知る人いわく、その日は、どのプールも人でいっぱいで、水面が見えないほどであったという。他県では海に向けられがちな夏の家族連れの熱視線は、栃木県ではプールへと注がれるのである。

二〇一一（平成二三）年には、東日本大震災で給水管などが損壊し休業に追い込まれた。しかし二〇一三（平成二五）年七月にリニューアルオープンをはたしてからは、例年どおり多くの来場者を集めている。一万人プールは、県民の「マンプー愛」に支えられ、今もその名に恥じないにぎわいを見せているのだ。

宇都宮市民の憩いの場・八幡山公園に、秘密の地下壕があった！

宇都宮市民の憩《いこ》いの場といえば、市の中心部、栃木県庁の北側に位置する八幡山《はちまんやま》公園を思い浮かべる人も多いだろう。

公園内には約八三〇本のサクラと五〇〇〇本のツツジが植えられており、毎年桜のシーズンには花見客でいっぱいになる。夜には公園内にある高さ八九メートルの宇都宮タワーが桜色にライトアップされるほか、ぼんぼりも灯されるので、夜桜が楽しめる。宇都宮タワーを背景にした夜桜の美しさは格別だ。

また、アドベンチャーUは一周八二五メートルの本格的なゴーカートやロングローラーすべり台、アドベンチャーブリッジなどの遊具が充実。タンチョウやアライグマのいる動物舎などもあり、子どもから大人まで楽しめる。

さて、この人気スポットの足元に、秘密の地下施設が存在することを知っている人はどれくらいいるだろうか。家族やカップルが桜を愛《め》で、子どもたちがゴーカートを楽しんでいるその下に、旧日本軍の地下司令部跡が残されているのである。

※地下壕の見とり図

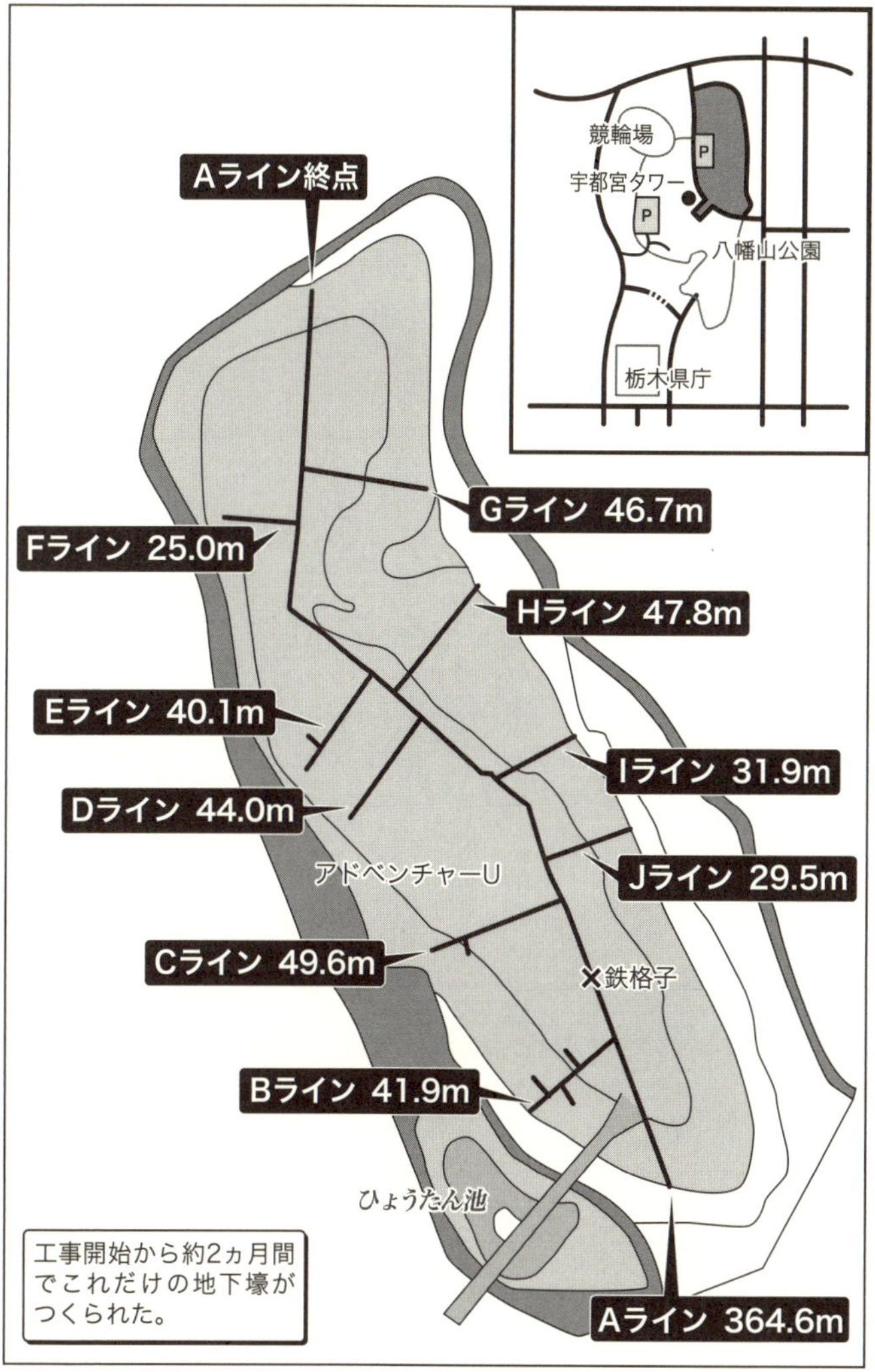
競輪場
P
宇都宮タワー
P
八幡山公園
栃木県庁
Aライン終点
Gライン 46.7m
Fライン 25.0m
Hライン 47.8m
Eライン 40.1m
Iライン 31.9m
Dライン 44.0m
Jライン 29.5m
アドベンチャーU
Cライン 49.6m
×鉄格子
Bライン 41.9m
ひょうたん池
工事開始から約2ヵ月間でこれだけの地下壕がつくられた。
Aライン 364.6m

地下司令部跡の存在が明らかになったのは、二〇〇〇（平成一二）年のこと。戦災記録保存事業を実施していた宇都宮市が八幡山公園の調査を行い、地下司令部跡の存在を明らかにした。

その調査過程については、二〇〇一（平成一三）年に出版された『うつのみやの空襲』という報告書に詳しく書かれている。

終戦後もプライドをかけて掘り続けた兵士たち

今ではもう知る人が少なくなってしまったが、第二次世界大戦時、宇都宮市には旧日本陸軍の第一四師団が置かれていた。また、飛行場や戦闘機製造で名高い中島飛行機の宇都宮製作所など、多くの軍関連施設があったため、宇都宮市は「軍都」と呼ばれていた。

それゆえ戦局が悪化してくると、宇都宮市にも一九四四（昭和一九）年頃からアメリカ軍のB29が爆撃を加えるようになった。

そこで宇都宮の軍司令部は、その機能を第一四師団の施設（現在、NHO栃木医療センターがあるところ）から東南へ約二キロメートル離れた八幡山の地下に移すことにしたのである。

移設工事は、一九四五（昭和二〇）年六月から約二五〇人の兵士によって秘密裏に進められた。作業効率を高めるために、兵士たちを一一のグループに分け、三交代制で二四時間の突貫工事を実施させた。そして毎日作業のスピードを競わせ、最も作業効率のよかったグループには、褒美《ほうび》の酒を振る舞ったのである。

その結果、工事開始から約二ヵ月間で総延長七二一メートルの地下壕が掘られた。一九四五（昭和二〇）年八月に日本は敗戦を迎えたが、その後も兵士たちは地下壕を完成させるべく、数日間工事を続けたという。

しかしながら、なぜ兵士たちは日本の敗戦が決まったのに工事をやめなかったのか。その理由は、日本人としての面子《めんつ》を重視したからだといわれている。

兵士たちは、進駐軍に地下壕を発見されたとき、未完成のままでは体裁が悪いと考えた。完成させなければ日本軍の名折《なお》れになってしまうと思い、敗戦の事実を知りながらも工事を続けたというのである。

やがて地下壕が完成すると、兵士たちはそれを公表することなく解散した。そのため、平成の世になるまで、その存在はほとんど知られなかったわけだ。

二〇〇一（平成一三）年には、地下壕を戦争遺跡として後世に伝えようと、安全対策をほどこして、一般公開されることになり、毎年夏の「宇都宮平和月間」に公開されている。機会があれば、ふだん見ることのできない司令部跡を訪ねてみるのもいいだろう。

廃墟マニアに人気の足尾銅山 その光と影とは？

近年、若者を中心に「廃墟ブーム」が起きている。荒れはてた炭鉱、製鉄所、工場、発電所などを観光目的で訪れる人が増えているのだ。有名な廃墟としては、長崎市の軍艦島《ぐんかんじま》や岩手県八幡平《はちまんたい》市の松尾鉱山、神戸市の摩耶《まや》観光ホテルなどがあげられるが、栃木県にも廃墟ファンに人気のスポットが存在する。日光市（旧足尾《あしお》町）の足尾銅山である。

足尾銅山は一五五〇（天文《てんぶん》一九）年に銅の鉱脈が発見され、江戸時代初頭の一六一〇（慶長一五）年には幕府直轄の銅山が開かれた。産出した銅は、徳川家康を祀る日光東照宮の社殿造営の際にも銅瓦《どうがわら》として使われたという。

江戸時代末期に一度寂《さび》れたものの、明治時代に入ると古河《ふるかわ》財閥を築いた古河市兵衛《いちべえ》が近代銅山の経営に乗り出し、新技術を導入。これで足尾銅山は復活し、一八八七（明治二〇）年には、日本の銅産出量のおよそ四割を産出する日本一の銅山に成長したのである。

だが一方で、この時期には製錬所《せいれんじょ》の吐き出す煙があたりの野山を枯れさせたり、渡良瀬川にたれ流された鉱毒が日本初の公害問題を引き起こすといった暗い歴史を生んだ。

足尾銅山の製錬所。足尾銅山は、最盛期には日本の銅産出量の約4割を占める日本一の銅山だった。

ちなみに、この足尾銅山鉱毒事件の際、天皇に直訴《じきそ》して渡良瀬川流域を救った政治家が田中正造《たなかしょうぞう》である。田中は代議士であると同時に下野新聞の前身である栃木新聞の編集者でもあり、県の英雄として今なお尊敬されている。

その後、足尾銅山は相次ぐ戦争によって高まる需要に応えるため、無理な産出を続けた。その影響は大きく、次第に産出量を減らしていく。そして一九七三（昭和四八）年、足尾町民の存続の願いもむなしく、ついに閉山することになったのである。

それから約四〇年間、足尾銅山は当時のままの姿をとどめていた。煙を放出し続けた煙突がそそり立ち、本山では製錬所や掘削設備、木造平屋建ての鉱山住宅などが朽

本山製錬所の大煙突。ここから排出される煙が周辺の山々から緑を消していった。

ちはてるときを静かに待っていた。

　しかし二〇〇〇年前後に廃墟ブームが盛り上がると、それらを見に訪れる人々が増え、足尾銅山跡は廃墟マニアの間で注目の的となったのだ。

　その後二〇一〇（平成二二）年、足尾銅山跡に残っていた施設や設備の大部分が解体・撤去されてしまい、現在は煙突などのごく一部の施設と、治山事業によって少し緑を取り戻した山くらいしか見られない。

　ただ、日光市が跡地に開設した坑内観光施設があり、足尾銅山の歴史や鉱山のしくみなどを理解できるようになっている。トロッコ電車に乗って薄暗い坑道に入っていくアトラクションなども備えられているので、ここを訪れると銅山の雰囲気を少しだけ味わえる。

北関東随一の繁華街・オリオン通りが「街コン」発祥の地となった理由

北関東随一の繁華街・宇都宮。その中心に位置するのがオリオン通りだ。一部では「宇都宮の竹下通り」とも呼ばれるアーケード型の商店街である。

オリオン通りが誕生したのは一九四八（昭和二三）年のこと。当時は大通りに対する裏通りと呼ばれていたが、一九五四（昭和二九）年に羽衣《はごろも》をかたどったネオンアーチが設置され、一気に華やかさが増した。さらに一九六七（昭和四二）年に全長二八〇メートルの全蓋《ぜんがい》式アーケードが完成。一九八〇（昭和五五）年には宇都宮市出身の人気演歌歌手・森《もり》昌子《まさこ》をはじめとした有名人の手形を並べた「スターロード」（現「大理石の道」）もつくられ、オリオン通りは商業都市・宇都宮を象徴する商店街へと成長した。

この「オリオン通り」という名称は、商店街を形成する町の名前に由来する。誕生当時は一条《いちじょう》町・江野《えの》町・曲師《まげし》町の三町が一直線に並んでいたことから、それらがオリオン座のベルトの三ツ星に見立てられ、「オリオン通り」と命名されたのだ。

一九九〇年代はじめ頃までのオリオン通りは、まさに「宇都宮の竹下通り」だった。休日ともなれば歩くのも困難なほどの人混みで、活気に満ちあふれていた。オリオン通りの西側には「宇都宮の裏原宿」ことユニオン通り商店街もあり、個性的な古着やアクセサリー、雑貨を求める若者でにぎわっていた。

しかし一九九〇年代半ば以降、オリオン通りは次第に寂《さび》れていく。バブル崩壊後の不況が原因で市内の経済が冷え込んだことや、近隣の大型百貨店の郊外移転にともない買い物客が郊外に流れたせいで、かつてのにぎわいが薄れてしまったのである。

二〇〇一（平成一三）年には、DCブランドもたくさん入っていたオリオン通り随一のおしゃれビル「アムス宇都宮店」が閉店。その後、同じビルに「１０９宇都宮」が開業したが、それも四年も経たずに閉店してしまう。渋谷系ギャルに圧倒的人気を誇る１０９をもってしても、オリオン通りに活気を取り戻すことはできなかったのである。

その後もオリオン通りの衰退は止まることなく、空き店舗数が増加しシャッター街化が進んだ。そうしたなか、オリオン通りの活性化に大きく貢献したのが「宮コン」だ。

宮コンとは、街ぐるみで合コンを行う「街コン」の宇都宮版で、二〇〇四（平成一六）年にオリオン通りの飲食店経営者たちによって発案された。最近は全国各地で街コンが開催されているが、日本で最初にはじまったのは宇都宮市の宮コンだとされている。

宮コン参加者は、オリオン通りの飲食店を渡り歩き、異性との出会いや食事を楽しむ。

※オリオン通りの名前の由来

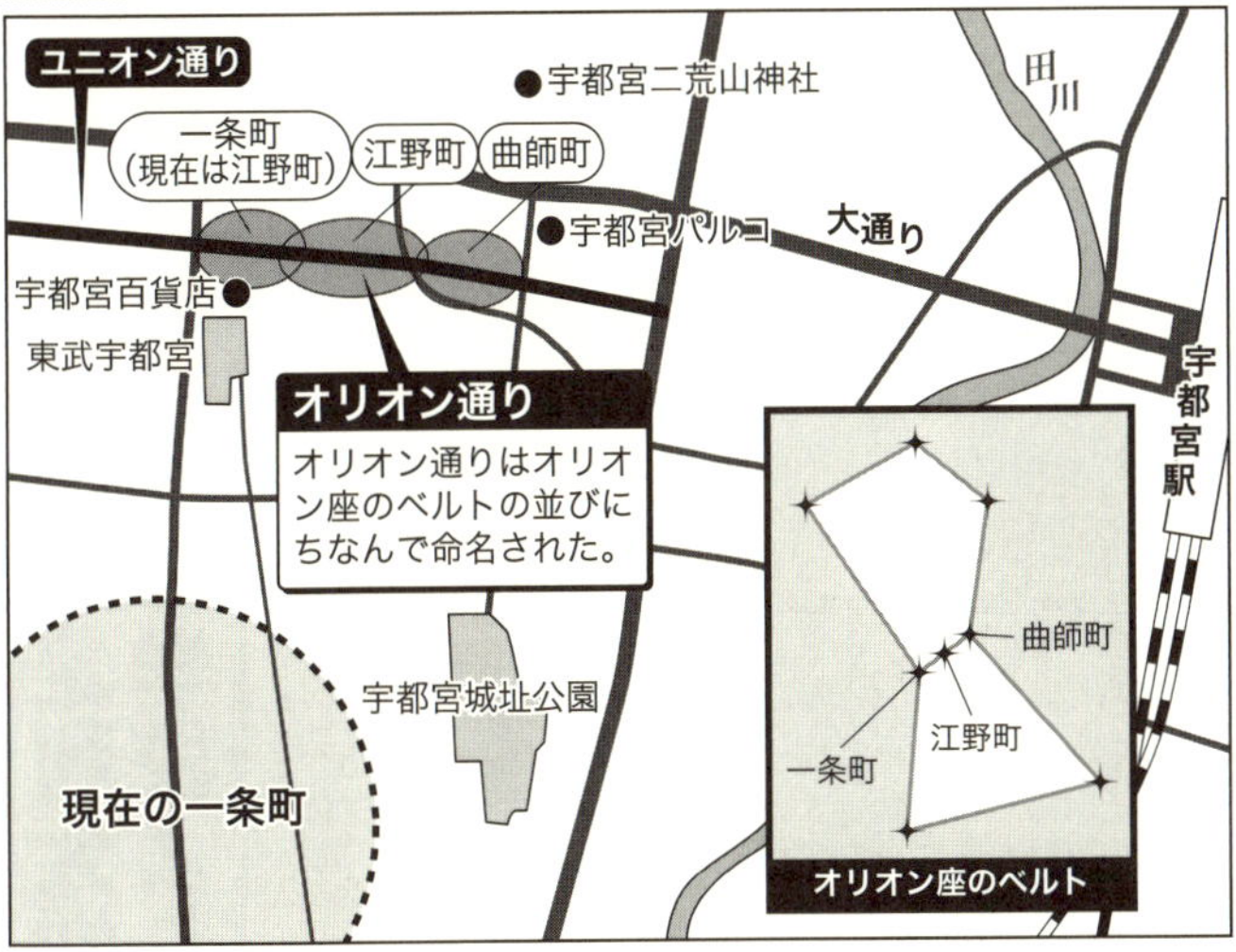
ユニオン通り
宇都宮二荒山神社
田川
一条町
（現在は江野町）
江野町
曲師町
宇都宮パルコ
大通り
宇都宮百貨店
東武宇都宮
宇都宮駅
オリオン通り
オリオン通りはオリオン座のベルトの並びにちなんで命名された。
曲師町
江野町
一条町
宇都宮城址公園
現在の一条町
オリオン座のベルト

開始当初の参加者は一七〇人程度だったが、テレビに取り上げられたこともあって次第に数を増やしていった。結果、現在では男女合わせて一二〇〇人が参加する一大イベントとなり、オリオン通りに大きな経済効果をもたらしているのである。

オリオン通りは宮コンだけでなく、109の跡地につくられたオリオンスクエアという広場で音楽会やジャズフェスティバルなどを催し、さらなる活性化を狙っている。

栃木県は車社会なので、郊外型のショッピングモールなどに対抗するのは難しいという声もある。それでもオリオン通りは、商店街により多くの人々を呼び込み、宇都宮市の中心街にかつてのにぎわいを取り戻そうと今日も努力を続けているのだ。

片田舎にある足利大学が京都や鎌倉の学校よりも栄えた不思議

隣の群馬県が第二次世界大戦後に首相を四人も輩出しているのに対し、栃木県出身の首相は戦後まだ一人も誕生していない。このことを気にしている県民もいるようだが、歴史をさかのぼると、栃木県は室町幕府を創設した足利尊氏《たかうじ》を輩出している。

足利氏は源義家《よしいえ》の子・義国《よしくに》を祖とする一族で、下野国足利荘《あしかがのしょう》（現・足利市）を本拠として勢力を拡張。尊氏の代に鎌倉幕府を倒して室町幕府を開き、以後、将軍家として繁栄した。その足利氏ゆかりの地に、かつて日本全国から生徒が集まる学校が存在した。足利学校である。

足利学校は日本最古の学校といわれ、往時は三〇〇〇人もの生徒を有する日本一の学校だった。国内だけでなく外国人からも高い評価を得ていたようで、イエズス会の宣教師フランシスコ・ザビエルは「坂東《ばんどう》の学院あり、日本国中最も大にして最も有名なり」と絶賛。ルイス・フロイスもまた、「日本に総合文科を有する唯一の大学」「全日本でただひとつの大学であり公開学校と称すべきもの」と述べている。

足利市内には現在も史跡が残っており、市民からは敬意を込めて「学校さま」と呼ばれている。また、毎年秋には「足利学校さままつり」が開催され、多くの市民が訪れる。

それにしても、足利学校がそれほど栄えたのはどうしてか。当時、都は京都に置かれていたのに、なぜ都から遠く離れた片田舎の学校が繁栄したのだろう。

第一の理由は、将軍家の故郷にある学校だったからと考えられている。じつは、足利学校は室町時代に荒廃していた時期があった。再興したのは関東管領《かんれい》・上杉憲実《のりざね》だが、彼が再興を試みたのは、将軍家の名のついた地にある学校だったからだという。

第二の理由は、戦乱の時代に合った学問を教えていたからとされる。足利学校では兵学や儒学《じゅがく》、医学などを学ぶことができたため、戦国武将に仕える軍師や外交官、書記官を目指す者にとってはたいへんありがたかった。実際、この学校の出身者の多くがそうした職に就いて活躍している。

そして第三の理由は、地理的な優位性である。足利の地は、主要街道から少し外れたところに位置している。そのため、室町時代後半に起こった戦乱の影響を受けずにすみ、落ち着いて学問に集中できる環境が保たれていたのだ。京都や鎌倉にあった多くの学校が戦乱で衰退していることからも、地理的優位性がいかに影響したかがわかる。足利学校が日本一の学校として栄えた背景には、足利の地の利が大きく関係していたのである。

那須湯本の「殺生石」にまつわるこわいこわい伝説とは？

那須湯本《なすゆもと》の温泉郷のはずれに、「殺生石《せっしょうせき》」という恐ろしい名前の石がある。何やら強烈な臭いを放っており、付近一帯は草木がほとんどなく、山肌はむき出しの状態だ。

その臭いは「卵が腐ったような臭い」と表現され、人によっては気分が悪くなる。一昔前までは、近づいた小動物が臭いにやられて死んでしまうこともあったという。

人間を不快にし、小動物の命を奪う殺生石。この謎の石の正体はなんなのか。殺生石に関するいわれはたくさん残っているが、最もよく知られているのが「九尾《きゅうび》の狐《きつね》伝説」だ。

昔、九本の尻尾《しっぽ》をもつ九尾の狐という妖怪がいた。九尾の狐は、絶世の美女に化けて人をまどわす妖怪で、中国やインドで王や皇帝の妻となり、国を滅ぼしたこともある。

その九尾の狐が日本にやって来て、玉藻前《たまものまえ》という美女に化け、鳥羽上皇《とばじょうこう》の寵愛《ちょうあい》を得た。

しかし、鳥羽上皇はまもなく体調を崩して床に臥すようになる。

陰陽師《おんみょうじ》が原因を探ると、玉藻前の仕業であることが判明。陰陽師が呪文を唱えて正体を暴くと、九尾の狐は那須に逃れ、人々に害を及ぼした。

殺生石。付近からは有毒ガスが噴き出ており、絶えず異臭が漂っている。ガスの噴出量が特別に多いときには立ち入りが禁じられる。

朝廷は討伐隊を那須に送り込み、九尾の狐を成敗したが、九尾の狐は死後も巨大な石に化けて毒を振りまき、近づいてくる人間や鳥獣の命を奪うようになった。

その後、源翁《げんのう》和尚が金槌《かなづち》でたたいたところ、殺生石は三つに割れて飛び去った。そのひとつが殺生石だという。

この九尾の狐伝説の真偽はともかく、殺生石が現存することと、付近から異臭が漂っていることは事実だ。

じつは殺生石の正体は溶岩、異臭の正体は硫化水素や亜硫酸ガス、砒素《ひそ》といった有毒ガスである。しかし、科学が未発達の時代にはそうしたことがわかるはずもなく、石に宿る霊魂の仕業だと信じられるようになったものと考えられている。

全国屈指のマンモス校・作新学院はこんなにも大きかった！

「マンモス校」と呼ばれる学校が各地にあるが、全国屈指のマンモス高校として知られているのが宇都宮市にある作新《さくしん》学院高等学校だ。

作新学院といえば、高校野球の強豪校として広く知られている。一九六二（昭和三七）年には史上初の春夏連覇を達成し、一九七〇年代には高校野球史上最強の投手として名高い江川卓《えがわすぐる》を輩出、近年も夏の県大会で四連覇中だ（二〇一四年現在）。県内には作新野球部のファンが多く、週末に校内で練習試合があるとたくさんのギャラリーが集まる。

野球部以外にも競輪の神山雄一郎《かみやまゆういちろう》や競泳の萩野公介《はぎのこうすけ》、シンガーソングライターの斉藤和義《さいとうかずよし》など、著名なOB・OGが多い。また、最近は進学にも力を入れており、最も偏差値の高い英進部を中心に、難関大学への進学者を増やしている。

その作新学院にどれくらいの生徒が通っているのかというと、約三七〇〇人。最近は少子化の影響もあって年々減ってきているが、最盛期にはなんと一万人以上もの生徒がいた。

高校のほかに幼稚園、小学校、中学校がみな同じキャンパス内にあるため、敷地面積も非

※作新学院の規格外の敷地面積

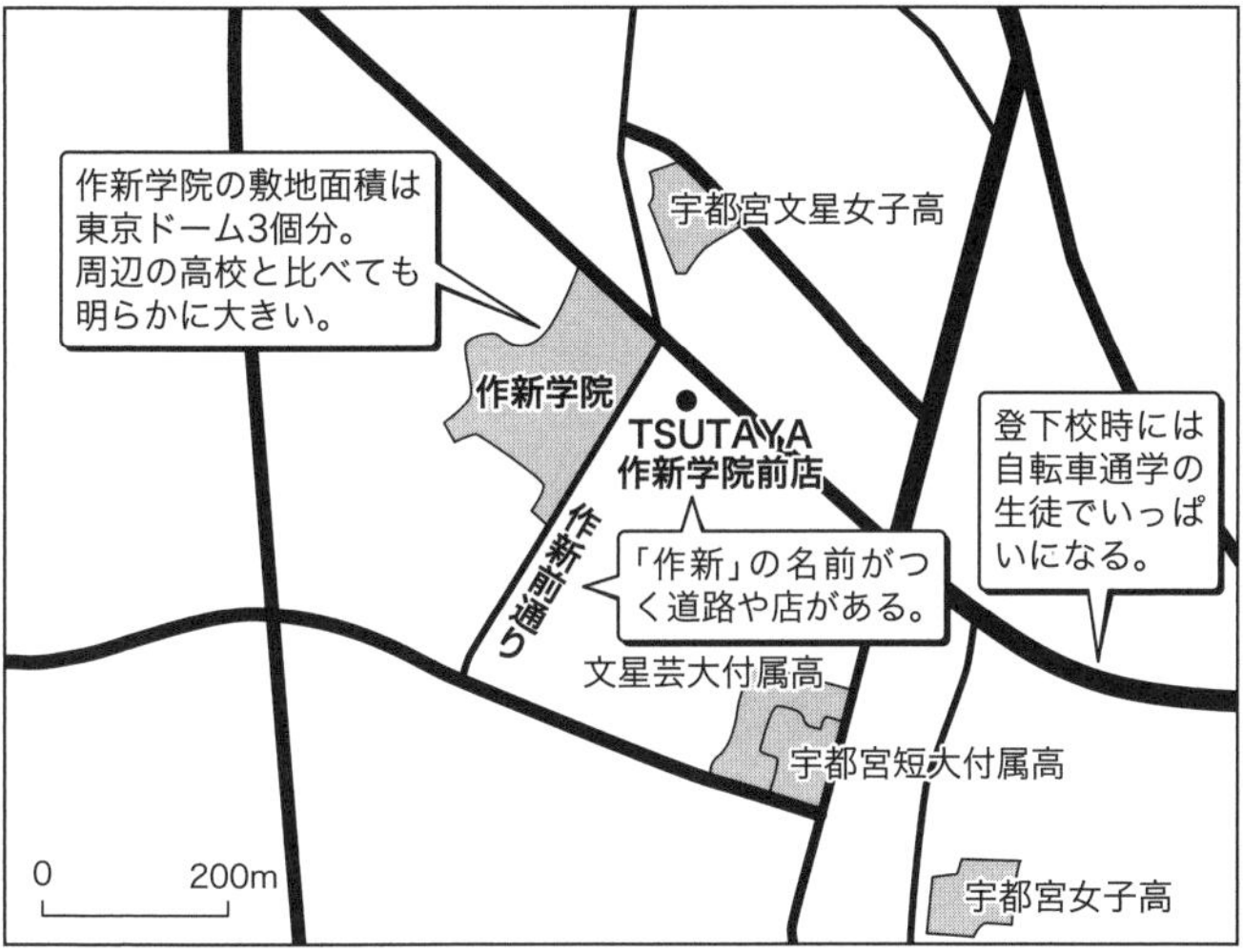
作新学院の敷地面積は
東京ドーム3個分。
周辺の高校と比べても
明らかに大きい。
宇都宮文星女子高
作新学院
TSUTAYA
作新学院前店
作新前通り
「作新」の名前がつく道路や店がある。
登下校時には
自転車通学の
生徒でいっぱいになる。
文星芸大付属高
宇都宮短大付属高
0
200m
宇都宮女子高

常に大きく、一三万七七六平方メートル（東京ドーム三個分に相当）もの広さを誇る。この敷地のなかに、高校だけでも一三棟の校舎があり、共用施設として、三つの体育館、四〇〇メートルトラックの陸上競技場、両翼約一〇〇メートルの硬式野球場、運動場兼軟式野球場、プール、テニスコートなどをもつ。まるで大学のような学校だ。

このように常識を超えた規模の学校だから、三年間同じ敷地内で生活していても、まったく知らない同級生が多数存在する。それどころか、先生同士が見ず知らずのケースもあるというから驚く。

すべてがビッグスケールで全国にも名をはせる作新学院は、県民から大きな愛情をもって受け入れられている。

地名にまでなっている超巨大ショッピングモールがある！

北関東は全国で最も車社会化の進んだ地域のひとつである。自家用乗用車の一〇〇世帯当たり保有台数（自動車検査登録情報協会、二〇一四年末現在）を見ると、第四位群馬県（一六五・四台）、第五位栃木県（一六二・八台）、第七位茨城県（一六〇・三台）といずれも上位で、一家につき一台以上所有しているのが当たり前のようになっている。

実際、栃木県の郊外に住んでいると、どこに行くにもほとんど自家用車を使う。一応、バスも通っているが、一時間に一本あるかどうかといった路線が少なくないため、自家用車がない人は極めて不便な生活をしいられる。一家につき一台以上の自動車を所有しているというデータは、至極当然の結果なのだ。

そうした栃木県民の生活実態を鑑《かんが》みてつくられたのが、郊外型のショッピングモールだ。宇都宮市内にはベルモールとインターパークというふたつのショッピングモールがあり、休日になるとどちらも多くの客でごった返す。

ベルモールはイトーヨーカドー系列の商業複合施設で、イトーヨーカドーのほかに映画

※宇都宮市内のショッピングモール

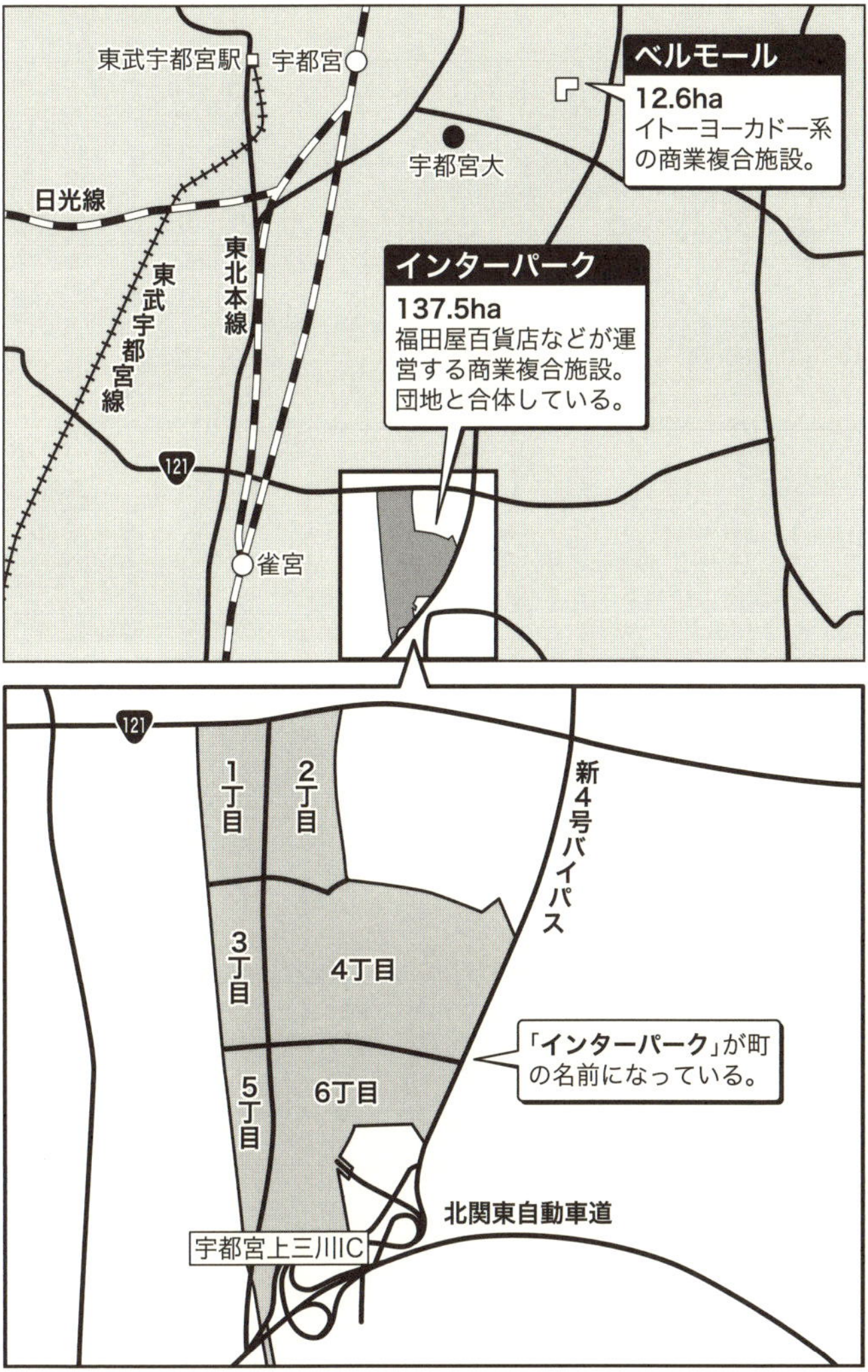

東武宇都宮駅
宇都宮
ベルモール
12.6ha
イトーヨーカドー系の商業複合施設。
宇都宮大
日光線
東北本線
東武宇都宮線
インターパーク
137.5ha
福田屋百貨店などが運営する商業複合施設。団地と合体している。
121
雀宮
121
1丁目
2丁目
新4号バイパス
3丁目
4丁目
「インターパーク」が町の名前になっている。
5丁目
6丁目
北関東自動車道
宇都宮上三川IC

館「TOHOシネマズ」、スポーツクラブ「ベルフィットネス」、日帰り温泉「ベルさくらの湯」などが入っている。吹きぬけのあるカリヨンプラザでは、さまざまなイベントが催される。宇都宮市の中心部からも近く、便利なことこの上ない。

一方、インターパークは宇都宮駅から少し離れた宇都宮環状道路沿いにあり、地元の老舗《しにせ》の福田屋百貨店などが運営するインターパークFKDタウンが中核となっている。

もともと、このあたりは田畑以外に何もない地域だったが、インターパークができたことで大型店舗の出店が相次いだ。市街地からは少し離れているとはいえ、北関東自動車道の宇都宮上三川《かみのかわ》インターチェンジが近くにあるので、隣県からの来客も多い。

このショッピングモールの凄いところは、何と言っても広さだ。延べ床面積は六万平方メートルを超えており、駐車場は一万台以上を収容できる。これだけゆとりをもった造りにできるのは、地方ゆえの特権のようなもの。都会には決してマネできないだろう。

しかも驚くべきことに、インターパークという名前がそのまま周辺地域の地名に使われている。「宇都宮市インターパーク四丁目三の一」といった住所が実在するのだ。

ショッピングモールがそのまま町と化したインターパーク。たいへん暮らしやすいということで、今や県内屈指の人気エリアとなっている。

第五章

「気候風土」で栃木のフシギを探る

夏の雷日数日本一！なぜ栃木県はこんなに雷が多い？

栃木県は比較的災害の少ない県だが、雷が非常に多いことで知られている。県都・宇都《うつの》宮《みや》市は「雷都《らいと》」を愛称にしているほど、雷の多発する地域なのだ。

一九八一（昭和五六）年から二〇一〇（平成二二）年までの年間平均雷日数を見ると、栃木県（宇都宮市）は二四・八日で全国第一一位。これだけではそこまで多いように思えないが、暖候期《だんこうき》（四月～九月）に限ると、二二・六日で日本一を誇る。二〇一三（平成二五）年単年の観測データを見ても、栃木県の雷日数は三三日を記録しており、群馬県の二二日、埼玉県の二三日を大きく引き離して日本一の座を維持している。春から夏の間、栃木県でいかに多くの雷が発生するかがわかるだろう。

こうした状況だから、栃木県民は雷に慣れっこだ。他県出身者が雷の音に驚いているのを横目に、栃木県民は何もなかったような顔をしているといったことが少なくない。また、雷鳴がとどろくと、外出中ならさっと安全な場所に避難したり、室内ならいち早くコンセントを抜いて電化製品の故障を防ぐなど、雷都の住民ならではの行動を見せる。

※暖候期（4～9月）の雷日数ランキング（2013年）

	4月	5月	6月	7月	8月	9月	合計
1 栃木県	4	6	1	9	8	5	**33**
2 埼玉県	2	1	2	8	6	4	**23**
3 群馬県	0	2	0	9	6	5	**22**
4 京都府	1	0	0	5	10	4	**20**
5 岐阜県	0	0	2	10	6	2	**20**

単位：日
出典：宇都宮地方気象台

雷を必ずしも敵視していないことも、栃木県民の特徴といえる。

雷はときに人の命を奪ったり、雹《ひょう》や突風で農作物に被害を与えたりするが、日照りが続いているようなときには田畑に恵みの雨を降らせてくれる。そのため、栃木県民は雷を「雷様《らいさま》」と呼び、畏敬の念を示しているのだ。

宇都宮市の平出《ひらいで》神社や鹿沼《かぬま》市の常楽寺《じょうらくじ》、那須烏山《なすからすやま》市の加茂《かも》神社などは雷神《らいじん》信仰に篤《あつ》い社寺として知られ、多くの人々が農作業の開始時期に風雨順調を願って参拝する。

また、県内には雷電《らいでん》神社や雷《いかずち》神社といった「雷」の字が入った神社が三〇数社ある。こうした神社の存在は、栃木県民と雷の関係の強さをあらわしているといえる。

最近では、雷をモチーフにしたテレビ番組も登場した。「雷様剣士ダイジ」である。ダイジとは、栃木弁で大丈夫を意味する「ダイジ」にちなんでつけられた名前で、栃木弁を使って悪役を改心させる。学園祭などのイベントにもちょくちょく顔を出すことから、地元で広く親しまれている。

壬生《みぶ》町にも「壬雷《みらい》ちゃん」という雷に由来するゆるキャラがいる。壬生町の「壬」と雷様の「雷」から名づけられた壬雷ちゃんは、同町にあるおもちゃ博物館のイメージキャラクターでもあり、誕生一〇周年を迎えて徐々に人気を高めている。

それにしても、なぜ栃木県は雷の多発地帯になっているのだろうか。その謎を解く鍵は地形にある。

栃木県は関東平野の奥に位置し、その背後（県の北部）には一〇〇〇～二〇〇〇メートル級の山々が連なっている。そのため晴れた日の日中、夏の強い日射しを受けると、温められた空気は上昇気流となる。さらに海から吹く南風が、関東平野を通りすぎて県の北部の山にぶつかると、行き場をなくして上方へと昇っていく。こうして生み出された強い上昇気流が積乱雲を発生させ、雷を引き起こすというわけだ。

栃木県で雷が多発する原因は地形にある。この地で暮らす以上、雷は避けられない運命にあるのだから、怖がるよりも季節の風物詩として親しむべきなのかもしれない。

「餃子」といえば宇都宮
そもそもなぜ餃子の街になったのか？

　JR宇都宮駅の西口を出ると、高さ約一・六メートルの石像の存在に気づく。餃子《ぎょうざ》像だ。餃子の皮でヴィーナスを包むという独特な形の像で、宇都宮市の特産品・大谷石《おおやいし》で造られている。観光客の人気スポットとなっており、記念撮影する人が絶えない。
　この餃子像に象徴されるように、宇都宮市は今や「餃子の街」として全国に名をはせている。総務省の家計調査によると、宇都宮市の一世帯あたりの餃子購入額は一九九五（平成八）年から二〇一〇（平成二二）年まで一五年連続一位を記録。二〇一一（平成二三）年から二年間は静岡県浜松《はままつ》市にトップの座を奪われたものの、二〇一三（平成二五）年に再び首位を奪還した。
　宇都宮市民はご飯のおかずとしてだけでなく、おやつ感覚で餃子を食べるため、必然的に購入額が高くなる。それに加え、市に餃子の街をアピールしようとする熱意がある。二〇一三年の首位奪還劇も市をあげてキャンペーンを展開したことが大きかった。
　市内にある餃子取扱店の数は、「みんみん」「正嗣《まさし》」の二大名店をはじめ三五〇軒以上にのぼる。焼き餃子、揚《あ》げ餃子、水《すい》餃子といった基本から明太子《めんたいこ》餃子や椎茸《しいたけ》餃子などの変わり種まで種類も多い。

宇都宮餃子のルーツは、戦前に宇都宮市に置かれていた旧日本陸軍の第一四師団にある。宇都宮から満州《まんしゅう》（現・中国）へ移駐した第一四師団の軍人たちは、戦後に復員すると満州で覚えた餃子をふるまった。その餃子がおいしいと評判になり、市民に広まったのである。ただし、宇都宮市に餃子が定着したのはそれだけが理由ではない。栃木県ならではの地理的な要因があったのだ。

宇都宮市は夏は暑く、冬は寒い。そうした過酷な内陸性気候で暮らすには、スタミナをつける必要があり、餃子が手軽なスタミナ食として重宝された。

また、栃木県では餃子をつくる際に不可欠な小麦とニラがよくとれる。とくにニラの年間生産量は一万トン以上で全国二位、国内生産量の約二割を占めている。日照時間が長く、水はけのよい良質な土壌に恵まれた栃木県は、ニラ作りにもってこいの土地柄なのだ。

もう一つ、忘れてならないのが先に述べた宇都宮市の地道なＰＲである。これがなければ、宇都宮餃子が全国区になることはなかっただろう。

一九九〇（平成二）年、宇都宮市職員のグループは、宇都宮市の餃子購入額が全国第一位を続けていたことに注目し、餃子をキーワードにした町おこしを提案。一九九三（平成

※ニラ収穫量上位5県（2013年）

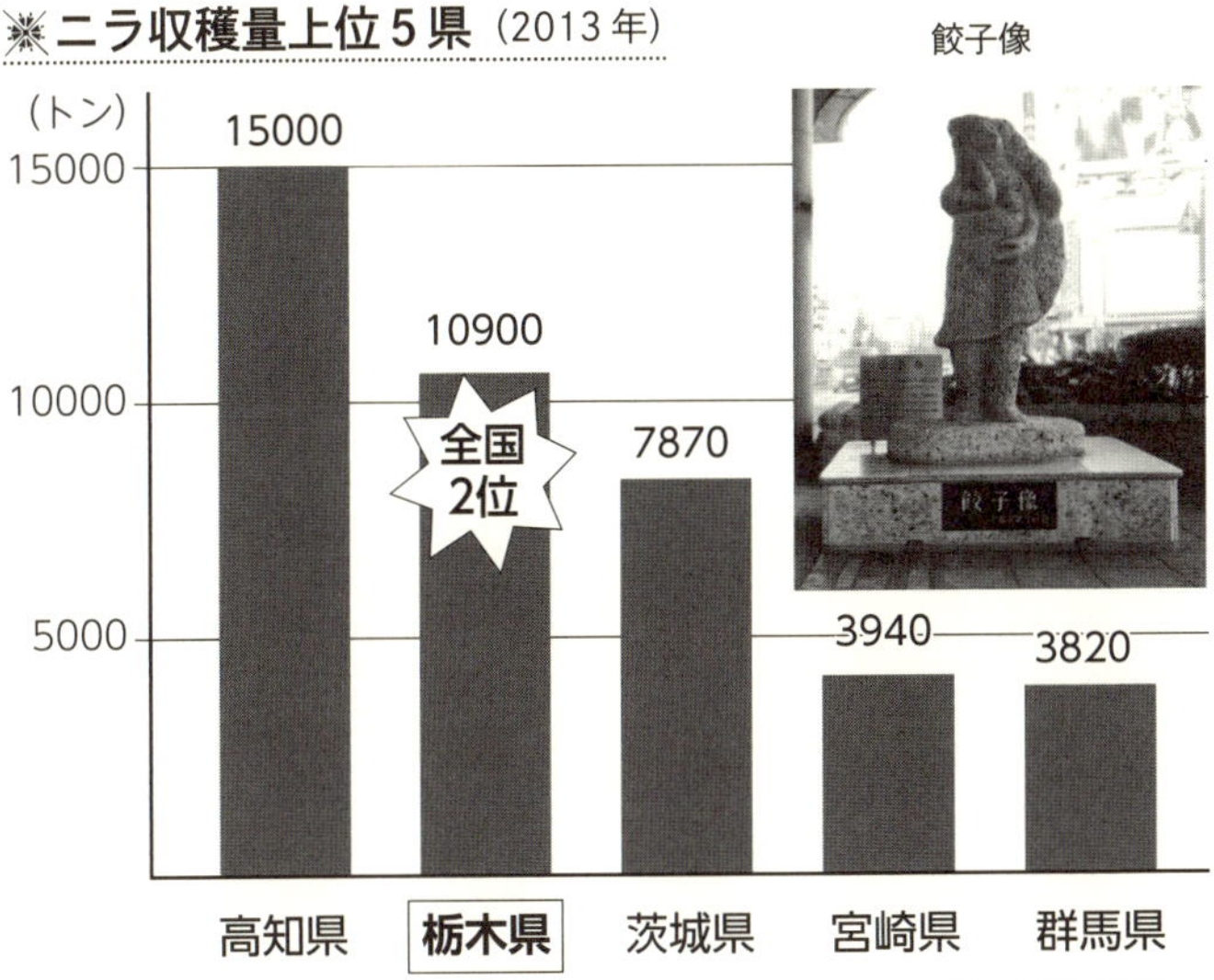

出典：農林水産省

五）年には、市内の餃子店や中華料理店など三八店舗が集まり、宇都宮餃子会を設立、餃子食べ歩きマップを作ったり、餃子祭りを開いたりして宇都宮餃子の知名度アップに尽力した。

さらに一九九四（平成六）年には、テレビ東京の「おまかせ！ 山田商会」という番組で、餃子による町おこしが取り上げられた。これが非常に大きなインパクトとなり、宇都宮餃子の存在が全国に知れ渡ることになったのである。冒頭に紹介した駅前の餃子像も、その番組の企画で建てられたものだ。

つまり今日の宇都宮餃子があるのは、栃木県の地の利とメディアによる露出効果、市民の熱意のたまものなのである。

栽培条件のよくない栃木県が日本一のイチゴ王国に変貌した理由とは?

宇都宮餃子と並ぶ栃木県の名産品は、やはりイチゴだろう。

最も安定した売り上げを誇る「とちおとめ」は、国内販売シェアの三割を占め、スーパーなどではすっかり定番商品となっている。また、とちおとめ以外のブランドを含めた県内産イチゴの収穫量を見ても、一九六八（昭和四三）年から四五年連続でトップの座を維持している。栃木県はまさに〝イチゴ王国〟なのだ。

栃木県を訪れると、イチゴ王国であることが実感できる。たとえば、ＦＭ栃木は「レディオ・ベリー」、真岡《もおか》ケーブルテレビは「いちごてれび」と、いずれもイチゴにあやかった愛称を使っている。

「とちおとめ25」というアイドルの存在も見逃せない。とちおとめ25とは、栃木県をＰＲするために二〇一〇（平成二二）年に結成された七人組のアイドル。その名は日本一のイチゴ・とちおとめと、夏でも食べられるイチゴ・なつおとめの品種番号「栃木25号」に由来し、「どっかーん！いちご作戦」や「いちごハカセ」といった歌を歌う。二〇一四（平

栃木県のローカルアイドル・とちおとめ25。栃木県内を拠点としているが、県外にも活動の場を広げており、全国各地のご当地アイドルのなかでも高い人気を誇る。

成二六）年六月には東京での単独ライブを成功させるなど、人気はうなぎ上りだ。

しかしながら、なぜ栃木県はイチゴ王国になったのだろうか。そのきっかけをつくったのは、御厨《みくりや》町（現・足利市）の農業技術研究家・仁井田《にいた》一郎《いちろう》だといわれている。

そもそも栃木県で本格的にイチゴが栽培されるようになったのは戦後のことで、それまでは温暖な気候の神奈川県や静岡県が主な産地だった。

そうしたなか、仁井田は栃木県から自転車に乗って神奈川県まで行き、栽培農家を視察する。その努力はやがて実を結び、昭和三〇年代前半には足利産のイチゴを東京に出荷できるようになった。

だが仁井田はそれで満足せず、さらに研

究を続けた。本来は夏の果物であるイチゴを冬に、できればクリスマスの前に出荷することを目指したのである。

仁井田は試行錯誤を繰り返し、ついに「山上《やまあ》げ栽培」という方法を編み出す。山上げ栽培とは、夏の間にイチゴの苗を高冷地で育てて冬を疑似《ぎじ》体験させ、その後、山から下ろしてビニールハウスのなかで苗を大きくする方法。この方法を用いれば、冬にイチゴを出荷することができる。

どこで苗を育てるかが問題になったが、栃木県には戦場ヶ原《せんじょうがはら》という高冷地があった。日光市の中禅寺湖《ちゅうぜんじこ》の北、標高一四〇〇メートルに位置する戦場ヶ原は、夏でも涼しく湿度も低い。九月中旬には初霜が降ることもある。山上げ栽培には絶好の場所だ。この地でつくられたイチゴは、やがて「日光イチゴ」の名で市場に出回るようになった。

その後、一九八五（昭和六〇）年に栃木県農業試験場が「女峰《にょほう》」という人気品種を開発、さらに一九九六（平成八）年には「とちおとめ」を開発し、女峰以上の人気を得た。このとちおとめの登場により、栃木県＝イチゴの名産地というイメージが定着したのである。

そして現在は、県北部の皇海山《すかいさん》にちなんで名づけられた（東京スカイツリーを意識しているとの説もある）、「スカイベリー」という大粒の新品種を積極的に売り出している。仁井田の意志を受け継ぐ研究者たちが生み出したイチゴに、大きな期待がかけられている。

栃木県のシンボル・男体山が〝五人家族〟だってホント!?

現在、ほとんどの都道府県が都道府県民歌を制定しているが、長野県の「信濃《しなの》の歌」と並んで最も有名な歌のひとつとされているのが、栃木県の「県民の歌」だ。栃木県民は小学校で「県民の歌」を覚え、スポーツ大会や地域の行事の際に歌う。栃木SCのサポーターも、試合前と勝利したときに「県民の歌」を大合唱してスタジアムを盛り上げている。その「県民の歌」には、栃木県の象徴というべき山が登場する。そう、日光の男体山《なんたいさん》だ。

……男体は希望に明《あ》けて　日の光　よもにみなぎる♪

男体山は「日本百名山」のひとつとされる関東屈指の名山で、「二荒山《ふたらさん》」「黒髪山《くろかみやま》」「国《くに》神山《がみやま》」などとも呼ばれる。七八二（天応《てんおう》二）年に勝道上人《しょうどうしょうにん》がはじめて登頂に成功し、それ以降、山岳信仰の聖地として栄えた。

栃木県民が愛する「県民の歌」に歌われるくらい親しみ深く名の知れた山だが、この山にはあまり知られていない事実が二つある。

まずひとつ目は、男体山は栃木県の最高峰ではないということだ。男体山の標高は二四

男体山。円錐形の山容は雄大で美しく、「日本百名山」のひとつに数えられる。「県民の歌」にも歌われている（一般社団法人日光市観光協会提供）。

八六メートル。これでも充分に高いが、さらに高い山が群馬県との県境に存在する。日光火山群の主峰、標高二五七八メートルの日光白根山《しらねさん》だ。

白根山は群馬県側にもかかっているから か、栃木県の山という認識が薄い。そのため、男体山が栃木の最高峰だと思い込んでいる人が多いのだろう。

もうひとつは、男体山は〝独身〟ではなく〝家族もち〟であることだ。

古来日本では、二つの山を夫婦にたとえて信仰する風習があった。男体山も標高二四八三メートルの女峰山《にょほうさん》の対として見なされ、敬われてきた。男山が男体山、女山が女峰山。名前からしても、男体山と女峰山が夫婦であることは明らかだ。

※五つの山の位置関係

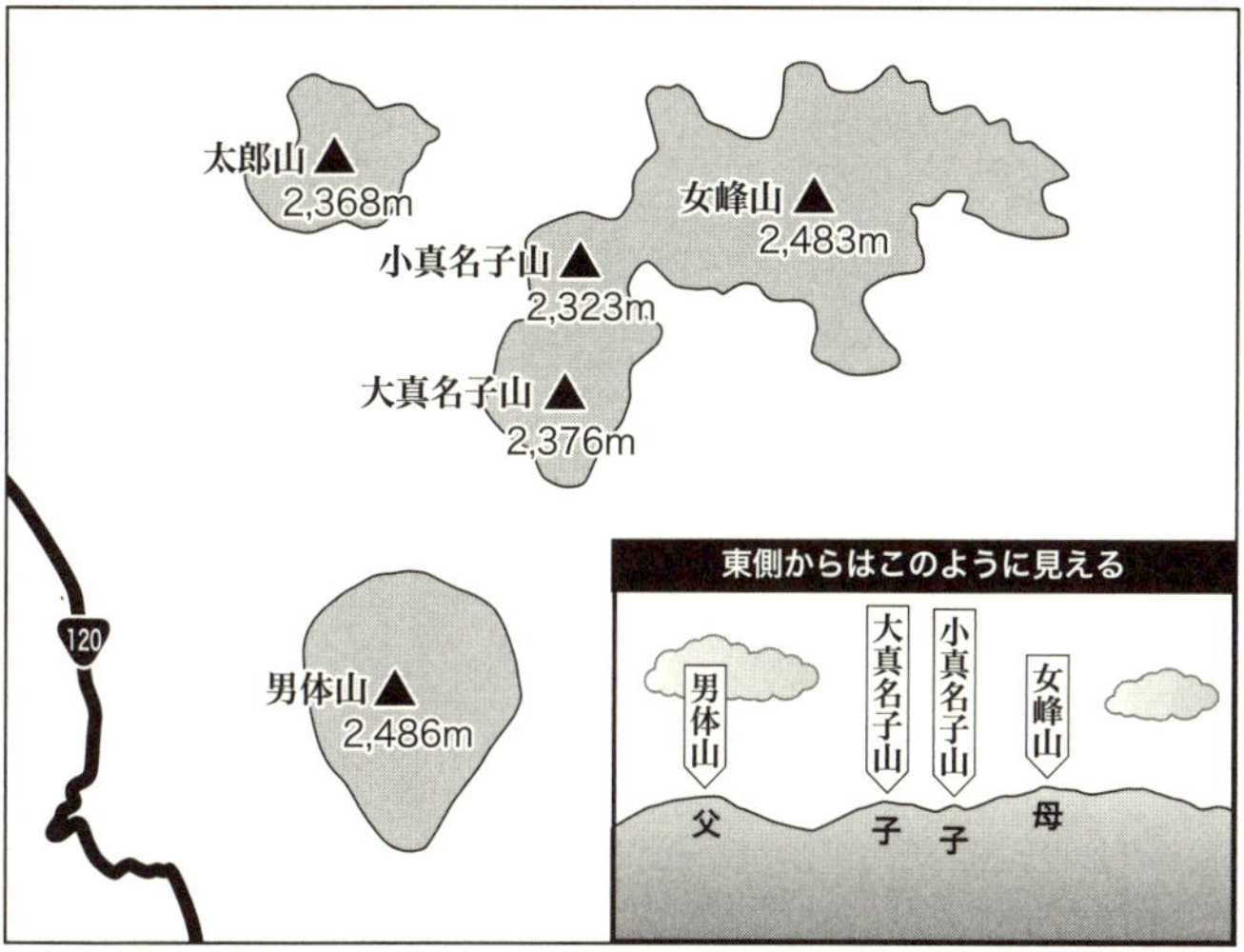
太郎山
2,368m
女峰山
2,483m
小真名子山
2,323m
大真名子山
2,376m
120
男体山
2,486m
東側からはこのように見える
小真名子山
大真名子山
女峰山
男体山
父
子
子
母

ここまでは多くの人が知っているが、男体山には妻のほかに子どももいる。しかも三人もいるというから驚く。

地図を見ると、男体山と女峰山の間に大《おお》真名子山《まなごさん》、小真名子山《こまなごさん》、（少し北にそれているが）太郎山《たろうさん》の三つの山があることに気づくだろう。ここから、これら三つの山が男体山・女峰山夫婦の子どもたちで、全員で五人家族と考えられているのだ。

一説には、標高二三七六メートルの大真名子山、標高二三二三メートルの小真名子山、標高二三六八メートルの太郎山、三つとも男体山と女峰山より少し低いことから家族に見立てられたともいわれる。いずれの説が正しいにせよ、栃木県民が五つの山に見守られていることに変わりはない。

極寒の地にあるのに、中禅寺湖が決して凍結しないのはどうして？

栃木県内で最も大きな湖といえば、奥日光に位置する中禅寺湖《ちゅうぜんじこ》である。今から約二万年前に男体山の噴火によって誕生した堰止《せきとめ》湖で、一一・六平方キロメートルの面積を誇る。これは標高の高い場所にある湖としては、国内最大級の規模になる。

遊覧船で湖上めぐりをしたり、岸もしくはボートから釣りをしたりと、楽しみ方はいろいろ。すぐ近くには高さ九七メートルの岸壁を一気に落下する日本屈指の名瀑《めいばく》・華厳《けごん》の滝もあり、日光観光では外せないスポットといえる。

中禅寺湖は七八二（天応二）年に日光開山の祖・勝道上人《しょうどうしょうにん》によって発見された。上人が男体山の山頂に立ってあたりを見下ろしたときに見つけたという。

その後、中世から近世にかけて山岳信仰の聖地となり、明治時代に入ると欧米各国の外交官が湖畔に別荘を建てはじめた。このあたりは八月の気温が一八度くらいなので、避暑地にぴったりだったのだ。一九二八（昭和三）年に建造されたイタリア大使館別荘などは、一九九七（平成九）年まで歴代の大使に使用されていた。

さて、それほど気候のよい中禅寺湖も、冬になると最低気温マイナス約九度、平均気温マイナス約五度にまで下がる。もはや北海道並みの極寒の地だ。ところが不思議なことに、中禅寺湖の湖面はどれだけ寒くてもほとんど凍らない。これはいったいなぜなのか。

その理由のひとつとして、中禅寺湖が異様に深い湖であることが指摘されている。最深部は一六三メートルにもなるため、水面の一部が外気温の影響で〇度以下に下がったとしても、湖底の温かい水が上昇してきて水中で対流が起こる。逆に、外気温で冷やされた水面の水は湖底のほうへ下降していくため、凍るまでに至らないのだ。

もうひとつの理由としては、中禅寺湖付近に吹く風の強さがあげられる。冬から春にかけて奥日光に吹く風は、平均風速四メートル、最大風速二〇メートル、最大瞬間風速三〇メートルとなっている。これほど強い風が吹くと湖面が波立つため、凍りにくくなるのだ。ただし、中禅寺湖が絶対に凍らないかというとそうではない。強い寒気に見舞われれば、中禅寺湖でも凍る。実際、一九八三（昭和五八）年に全面凍結している。当時は凍った水面に雪が積もっていたという。

それ以来、全面凍結した記録はないが、湖畔の一部が凍ることはよくある。湖の南側に細長く突き出した八丁出島《はっちょうでじま》の裏などは、あまり風が当たらないせいか凍っていることが多く、五月くらいまで凍ったままになっている年もある。

信じられない！不思議な水位変化を見せる西ノ湖の謎

中禅寺湖の西岸に位置する千手ケ浜《せんじゅがはま》の奥には、西ノ湖《さいのこ》という小さな湖が存在する。中禅寺湖の湖畔から少し奥まったところにあるため非常に静かで、鳥や虫の鳴き声、風の音といった自然の音以外は何ひとつ聞こえない。周辺を歩いていると、野生のシカにばったり出くわすこともある。

この奥日光の穴場スポットでも、中禅寺湖同様に不思議な現象が見られる。湖の水位が信じがたいほど変化するのだ。

水位が低いときにはほとんど水がなくなり、湖というよりは小さな沼のようになる。一方、水位が高いときには水が周囲の林の根元にまで達し、ときには林の一部が水につかってしまうこともある。この不思議な水位変化は、何が原因で起こるのだろうか。

西ノ湖の水位変化は、中禅寺湖と大きく関係しているといわれている。もともと西ノ湖と中禅寺湖は、ひとつの湖だった。しかし付近を流れる柳沢川と外山沢川の堆積《たいせき》作用によって、中禅寺湖と西ノ湖の間に土砂がたまり、ふたつの湖は別々の湖になってしまったと

静寂に包まれた西ノ湖。奥日光の穴場スポットとして知られているが、時々、驚くほどの水位変化を見せる。

考えられているのである。

柳沢川の上流で激しい雨が降り水量が増えると、その水は中禅寺湖にも西ノ湖にも流れ込む。そのために西ノ湖の水位は一気に上昇するが、西ノ湖に流れ込んだ水は、のちに地下へ浸み込んで地下水となり、もともとつながっていた中禅寺湖のほうへと流れ込む。そのため、水位が下がると考えられている。

つまり西ノ湖は、自然の調整池のような役割をはたしているのである。

西ノ湖に向かうルートは一九九三（平成五）年からマイカーでの乗り入れが禁止されている。だがバスが走っているので、それに乗ればその路線から歩いて一五分ほどで湖に着くことができる。

あの有名な奈良の大仏に、栃木県で採れた金が使われていた!?

栃木県の大半の中学生・高校生は、修学旅行で京都・奈良を訪れる。奈良での定番は、何と言っても東大寺《とうだいじ》に鎮座《ちんざ》する奈良の大仏（盧舎那仏《るしゃなぶつ》）だ。高さ一五メートルもある巨大な大仏の姿を見て、生徒たちはみなため息をつく。

その奈良の大仏に、栃木産の金が使われた可能性がある。しかも、その金は日本ではじめて産出されたものだったかもしれないという。これはいったい、どういうことなのか。

そもそも奈良の大仏は、「生きとし生ける者がともに栄えるように」という聖武《しょうむ》天皇の願いによって、七四五（天平《てんぴょう》一七）年に建造がはじまり、七五二（天平勝宝《しょうほう》二）年に完成した。このとき盛大な開眼供養《かいげんくよう》が行われたが、じつはまだ鍍金《ときん》（メッキ）が終わっておらず、鍍金がすべて完了したのは、五年後の七五七（天平宝字《ほうじ》元）年のことだった。なぜそれほど時間がかかったのかというと、金が入手できなかったからである。

日本ではじめて金が産出したのは、七四九（天平二一）年二月二一日のこととされている。それまで日本では産出しないと考えられていたが、陸奥《むつ》国小田郡（現・宮城県遠田《とおだ》郡涌谷町《わくや》）で発見され、奈良の大仏の鍍金に用いられたという。しかし、日本初の産金地は陸奥ではなく、下野国（現・栃木県）だったのではないかとの説もある。陸奥で金が発見された一年以上前に、現在の那須地方で金が産出したとの記録が残っているのだ。

平安時代末期に編纂《へんさん》された『東大寺要録』には、「七四七（天平一九）年九月、聖武天皇が鍍金に使う金がなくて嘆いていたとき、近江国《おうみ》（現・滋賀県）の景勝地に伽藍《がらん》を建てて祈れば金が出るとのお告げがあった。そのお告げどおりにしてみると、同年一二月に下野国から金が産出したとの知らせが届いた」と記されている。この記述が正しければ、下野の産金は陸奥よりも早い。つまり、日本初の産金地は栃木県だったことになる。ちなみに、同じく平安時代に編纂された歴史書『日本後紀』から類推すると、当時、金が産出されたのは那須郡武茂郷《むも》（現・那珂川町健武《なかがわ たけぶ》）だったと考えられる。

あまり知られていないが、栃木県はこれまでにさまざまな鉱物や石を産出してきた。足尾の銅や西沢の金、宇都宮の軽石凝灰岩（大谷石）、佐野の石灰岩、ドロマイトなど、各地で鉱物や石が産出している。そうした地質の状況を考えると、日本初の産金地だった可能性は充分にあるだろう。

聖武天皇は、那須で産出した金を大仏の鍍金に使ったに違いない。奈良の大仏を拝観するときには、栃木産の金に思いをめぐらすのもよいかもしれない。

栃木県民は日常的に〝海のギャング〟を食べている？

栃木県では「さがんぼ」、あるいは「モロ」と呼ばれる白身魚がよく食べられている。竜田揚《たつたあ》げにすることもあるが、煮つけにして食べるのが一般的だ。酒、みりん、砂糖、しょう油などで甘辛く味つけした切り身の煮つけ料理で、食感はやわらかく、ややまぐろに似ている。小骨がないのでとても食べやすい。

　このさがんぼやモロの煮つけ、一見するとごく普通の煮つけ料理だが、県外の人が正体を知るときっと驚くはずだ。じつはさがんぼやモロの正体は、サメなのである。もしかすると、栃木県民であっても、サメと知らずに食べている人がいるかもしれない。

　さがんぼはアブラツノザメ、モロはネズミザメのことを指し、スーパーでは切り身として売られている。一年中食べられるが、さがんぼは身のしまる冬がいちばんおいしく、その時期になるとしばしば食卓にのぼる。正月料理にもさがんぼの煮つけは欠かせない。他県民は驚いても、栃木県民の間では、ごく当たり前に食されているのだ。

　そもそも栃木県でサメが食べられるようになったのは、「海なし県」だからではないか

水揚げされたアブラツノザメ（左）と、さがんぼの煮つけ（右）。どう猛なサメも、煮つけにして食べるととてもおいしい。

といわれている。サメは死ぬと尿素を多量に含んだ体液が分解され、アンモニア臭を発する。そのため、海辺の人々はサメを食すことを敬遠した。一方、海がない栃木の人々は、少々臭いが気になっても、ある程度の保存がきき、比較的手に入れやすいサメを貴重な海の幸として受け入れた。こうした理由で、栃木県にサメを食べる文化が生まれたというのである。

アブラツノザメもネズミザメも、いかにも〝海のギャング〟らしい凶暴そうな顔をしているが、その切り身は低カロリー、低脂質、高タンパク質と栄養面で優れている。

サメを食べてみたいと思った人は、栃木県のスーパーの鮮魚コーナーをのぞいてみてほしい。

「海なし県」栃木の山中で、なんとフグが養殖されていた!!

栃木県にはどこを見渡しても海がない。それにもかかわらず、県北東部に位置する那珂《なか》川《がわ》町では、海水魚の養殖が行われている。「夢創造《ゆめそうぞう》」という会社が同町の山間部で年間約三万匹ものトラフグを養殖しているのだ。

夢創造は二〇一一（平成二三）年から本格的にトラフグの出荷を開始し、現在では県内を中心に一〇〇ヵ所以上の飲食店に納入している。いったいどうすれば、海なし県でトラフグを養殖することができるのだろうか。

その答えは、那珂川町独特の地理的条件にある。那珂川町といえば、江戸時代から続く温泉の町。夢創造は、温泉の水を使ってトラフグの養殖を行っているのである。

温泉でトラフグを育てるメリットは二つある。ひとつ目は、成長が早くなることだ。

生物細胞の塩分濃度が〇・九パーセントなのに対し、海の塩分濃度は三・五パーセント。海水がそのまま体内に侵入すると、海水魚といえども脱水状態になって死んでしまうので、彼らは余分な塩分をエラから排出しながら暮らしている。

その点、那珂川町の小川地区（旧小川町）から湧き出る温泉の水の塩分濃度は一・二パーセントしかない。これだと海水魚は塩分の排出に使うエネルギーが少なくてすみ、そのぶん成長が早くなる。トラフグの場合、出荷に最適とされる六〇〇～一〇〇〇グラムに育つまでに、通常は一年半かかるが、塩分濃度の低い温泉で育てると約一年で育つのだ。

生育期間を半年短縮できれば、半年分のエサ代を節約できる。それを温泉トラフグの売値に還元した結果、天然ものの半額以下にまで販売価格を下げることに成功した。

温泉でトラフグを育てるもうひとつのメリットは、体を毒のない状態にできることだ。フグといえばフグ毒による中毒を心配する人もいるだろうが、温泉トラフグはその心配をする必要がないのである。

そもそもフグの毒は、体内でつくられているのではなく、海中のバクテリアがつくった毒を食物連鎖の過程で濃縮しながら蓄積した結果として生じる。しかし、温泉の水にはそうしたバクテリアがいないので、温泉トラフグの体内に毒が蓄積することもない。だから、温泉トラフグは中毒を心配せずに食べられるのである。

いいことづくしの温泉トラフグ。現在、夢創造はトラフグだけでなく「温泉サクラマス」の養殖にも取り組んでおり、二〇一四（平成二六）年からの出荷を目指しているという。二匹目のドジョウならぬ、〝二匹目のトラフグ〟というわけだ。

杉並木に杉線香……杉が繁茂する日光はスギ花粉症の発祥地!?

日光市には、世界一長い並木道としてギネスブックにも載っている道がある。日光杉並《すぎなみ》木《き》街道だ。全長三七キロメートルにわたって続く街道沿いに、平均二七メートルの高さの杉の木が立ち並んでいる。

杉並木が植えられたのは、江戸時代初期のことだった。徳川家康・秀忠《ひでただ》・家光《いえみつ》の三代の将軍に仕えた松平正綱《まつだいらまさつな》・正信《まさのぶ》親子が、一六二五（寛永《かんえい》二）年頃から約二〇年の歳月をかけて推定二〇万本もの杉を植栽し、一六四八（慶安《けいあん》元）年、家康の三三回忌に日光東照宮《とうしょうぐう》に寄進した。松平親子は、杉の木の並木道を東照宮の参道にしようと考えていたらしい。

現在、街道の両側に立ち並ぶ杉の木の本数は約一万二五〇〇本に達する。国内で唯一、特別史跡と特別天然記念物の二重指定を受けており、日光のシンボルのひとつともいえる。

この日光杉並木街道を見てわかるように、日光では杉がよく育つ。日本最良の杉とされる日光杉からは、高級品として扱われる杉線香がつくられ、好評を博している。しかし、この豊かな杉が、日本初のスギ花粉症患者を生んだとの説がある。

一九六三（昭和三八）年、当時古河《ふるかわ》電工日光電気精銅所の附属病院に勤務していた斎藤洋三氏は、春先になるにつれて、くしゃみや鼻水、鼻づまり、目のかゆみを訴える人が増えることに気づいた。何かのアレルギーではないかと思い、観察・実験してみると、スギ花粉に原因があることがわかった。翌年には、日本アレルギー学会の機関紙「アレルギー」に「栃木県日光地方におけるスギ花粉症の発見」と題した論文を発表。この論文により、今や「国民病」とまでいわれるスギ花粉症が認知されることになったのだ。

日光杉並木街道。日光では杉がよく育つ。そのせいか、日本初のスギ花粉症患者が確認されたのはこの地だった（一般社団法人日光市観光協会提供）。

その後、全国各地でスギ花粉症の患者が見つかっていった。つまり、日光はスギ花粉症発祥の地といえるのである。

皇室とどんな関係が？皇室関連施設が県内にたくさんある不思議

宮内《くない》庁は、天皇をはじめとする皇族が避暑や避寒、静養などに用いる施設をいくつか所有しているが、その多くは栃木県内に存在している。たとえば、那須《なす》町の那須御用邸《ごようてい》だ。

御用邸とは、皇室の別邸のこと。明治時代から日本各地に建設され、全部で一四の御用邸が造られた。栃木県には、那須御用邸のほかに、田母沢《たもざわ》御用邸（日光市）、山内《やまうち》御用邸（日光市）、塩原《しおばら》御用邸（那須塩原市）が建てられている。

病弱だった大正天皇は毎夏のように県内の御用邸を訪れていた。皇太子時代の一八九六（明治二九）年に山内御用邸ではじめてひと夏をすごし、一八九九（明治三二）年に田母沢御用邸が建てられると、天皇即位後も毎年のように田母沢御用邸を利用した。

昭和天皇がこよなく愛したのは、一九二六（大正一五）年に完成した那須御用邸だった。植物学者でもあった昭和天皇は、豊かな自然が残るこの御用邸をしばしば訪れ、付近一帯の植物を調べて『那須の植物』『那須の植物誌』などの著作を出版した。

こうした御用邸の多くは、戦後に民間へ払い下げられたため、現在では那須御用邸と神

日光の田母沢御用邸。夏でも涼しく、豊かな自然に恵まれた栃木県北部は静養の地にぴったり。ここは現在、記念公園として一般公開されている。

奈川県の葉山《はやま》御用邸、静岡県の須崎《すざき》御用邸の三つしか残っていない。しかし那須御用邸は、今でも今上《こんじょう》天皇や他の皇族がしばしば訪れる人気の御用邸になっている。

御用邸以外の皇室関連施設としては、御《ご》料《りょう》牧場があげられる。高根沢《たかねざわ》町と芳賀《はが》町にまたがる丘陵地に位置する御料牧場は、「皇室の牧場」として知られており、皇族の静養の場として、あるいは在日外交団の国際親善の場として使用されている。また、皇室用の料理に使われる肉や野菜、乳製品はこの牧場で生産されたものだ。

栃木県北部は、夏は涼しく避暑地として最適で、豊かな自然に恵まれている。また、東京からそう遠くない。そうした理由で、皇室関連施設が多く集まっているのだ。

「しもつかれ」とはいうけれど、じつは県内限定の料理ではなかった！

栃木県の郷土料理に「しもつかれ」というものがある。いわゆる「ごった煮」なので見栄えはよいとはいえず、ふざけ半分で「嘔吐物みたい」などと表現されてしまうこともある。伝統ある郷土料理に対して失礼な話だが、たしかにそう見えなくもないのが困ったところだ。

しもつかれは塩鮭《しおじゃけ》の頭、粗《あら》くおろした大根とニンジン、大豆に酒粕《さけかす》を加え、水を入れずに大鍋でグツグツと煮込んでつくる。味つけは、家によっては酢を入れることもあるが、多くは塩鮭の頭の出汁《だし》と塩分のみで、調味料はほとんど使わない。濃い味が多い北関東の料理にしては珍しく、あっさりとした味といえるだろう。温かいまま食べても、冷たくなってから食べてもよい。

昔から初午《はつうま》の日、つまり二月最初の午《うま》の日にしもつかれをつくってお稲荷《いなり》様に供えるのが習わしとされており、「七軒の家のしもつかれを食べると中風《ちゅうふう》（脳卒中）にならない」といった言い伝えもある。そのため毎年一月半ばくらいになると、栃木県内のスーパーや

栃木県の伝統ある郷土料理・しもつかれ。冗初午の日にお稲荷様に供えるのが習わしで、7軒の家のしもつかれを食べると中風にならないといわれている。

鮮魚店に塩鮭の頭がずらりと並び、何も事情を知らない他県出身者を驚かす。

しもつかれは、学校の給食にも登場する。大人でもかなり好き嫌いが分かれる味なので、子どもが抵抗を覚えるのは当然だ。なかにはどうしても食べられなくて、泣き出してしまう子どももいるという。

このように今でこそゲテモノ料理扱いされることがあるしもつかれだが、昔は食べ物の少ない冬場を乗り切るための大切な料理だった。材料は安くて栄養満点、しかも保存がきく。しもつかれは、じつに優れた料理とみなされていたのである。

ところで、しもつかれというからには、下野国《しもつけ》＝栃木県だけの郷土料理だと思っている人が多いだろう。たしかに、栃木県を代表する郷土料理であるには違いない。しかし意外なことに、栃木県限定の料理ではなく、茨城県や群馬県、埼玉県、千葉県、福島県の一部地域などでも食べられているのである。逆に、栃木県内でも県北の那須地方や群馬県に近い足利地方には、しもつかれの存在を知らない人もいる。

しもつかれの起源を探ると、平安時代から鎌倉時代に行きつく。当時の書物『宇《う》治拾遺《じしゅうい》物語《ものがたり》』や『古事談《こじだん》』のなかに「酢《す》むつかり」という食べ物に関する記述があり、それがしもつかれのルーツだといわれている。

酢むつかりは炒《い》った大豆に酢や塩をかけただけの食べ物で、当時は京都や滋賀で食べられていたようだ。それが江戸を経て北関東に伝わったと考えられている。

栃木県以外でも食されているのに「しもつかれ」というのは不自然だと思う人もいるだろうが、この呼称はマスコミの影響によって最近つけられたものだ。実際、年配の人は今でもしもつかれではなく、「シミヅカリ」とか「スミヅカリ」と呼ぶ。これは冬の凍《し》みる季節につくる料理、味がよく浸《し》みた料理、酢で味をつけた料理といった意味だと考えられており、「下野国の料理」とは関係がないのである。

とはいえ、しもつかれは栃木県の人々が先人から守り伝えてきた郷土料理。無形文化遺産として誇れるものであることは事実である。

今や全国区の人気 佐野がラーメン王国となった知られざる理由

栃木県南西部に位置する佐野《さの》市は、B級グルメの宝庫として知られている。茹《ゆ》でたジャガイモに小麦粉、卵、パン粉をつけて揚げた「いもフライ」、ジャガイモが入った「ジャガイモ入り焼きそば」、水で練った小麦粉を耳のような形に折って茹で、スープに入れて食べる「耳うどん」。どれも安くておいしく、佐野市民のソウルフードといわれている。そんな佐野市のB級グルメのなかで、最も有名なのが佐野ラーメンだ。

佐野ラーメンの特徴は、青竹《あおだけ》打ちの麺《めん》にある。青竹打ちとは、練った小麦粉の上に青竹を乗せ、体重をかけることで麺を伸ばしていく製麺技法のこと。こうすると、麺のなかに気泡がたくさんできてコシのある麺になる。スープはあっさりしたしょう油味が一般的で、メンマ、ナルト、ネギ、チャーシューなどのオーソドックスな具が並ぶ。一見、なんの変哲もない普通のラーメンだが、味はたしかにおいしい。

こうしたラーメン屋が佐野市内に約一四〇店あり、街中の至るところに赤いのぼりがはためいているのである。

佐野市にラーメンが定着した要因は、良質な小麦と水にある。

佐野市のある栃木県南部には、水はけのよい関東ロームが広がっている。しかも、このあたりは冬の日照時間が長く、気候は乾燥している。こうした諸々の条件は小麦の栽培に適しており、米の裏作《うらさく》として小麦がさかんにつくられるようになった。

また、佐野市の水は環境庁（現・環境省）選定の「名水百選」のひとつ、出流原弁天池《いずるはらべんてんいけ》湧水《ゆうすい》に代表されるように質量ともに優れている。つまり、地元産の小麦粉を良質な水で練って麺を作るから佐野ラーメンはおいしくなり、また多くの人々に受け入れられたわけだ。

もうひとつ、出前が手軽に利用されていたことも定着の要因となった。

この地域の主要産業のひとつに、「佐野縮《ちぢみ》」という綿織物の名産品がある。その生産に従事していた職工は主婦が多く、残業などで夕食の支度が遅れてしまう日にはたびたびラーメンの出前を利用した。そのためラーメンが身近なものになっていった。

こうして佐野市民に浸透した佐野ラーメンは、ゴルフ客の口コミも追い風となって全国的に知られるようになる。最盛期には人口八万五〇〇〇人の町に、二〇〇軒以上のラーメン店がつくられたという。

佐野という土地柄が生んだ佐野ラーメンは、その後も一過性のブームで終わることなく、今では地元の名物として完全に定着している。

隠れた酒どころの栃木県 その秘密はおいしい湧水にあり!

日本の酒どころといえば、日本最大の清酒メーカー・白鶴《はくつる》で知られる兵庫県、松竹梅《しょうちくばい》、月桂冠《げっけいかん》などの大手メーカーがある京都府、久保田、八海山《はっかいさん》といった銘柄が有名な新潟県あたりが思い浮かぶが、じつは栃木県も隠れた酒どころだといわれている。

栃木県の蔵元《くらもと》の数は三〇以上あり、それぞれが異なる味と風味をもった酒を製造している。また、大手の酒造メーカーも県内に工場をもっている。

栃木で酒造りがさかんになった要因としては、水が豊かなこと、空気が清らかなこと、良質な米がとれることなどがあげられる。酒どころ新潟県出身の越後杜氏《えちごとうじ》の技術も栃木県の酒造りを支えた。そうしたさまざまな要素のなかで、とくに重要だったのが水である。

栃木県は県内の半分以上が森林におおわれるなど、自然に恵まれている。森林は地下水の重要なかん養地になり、森林にたくわえられた水は、やがて那珂《なか》川、鬼怒《きぬ》川、渡良瀬《わたらせ》川などへ流れていく。また栃木県の中央には平野が広がっており、その地層は砂や小石をふくんだやわらかな岩質となっているため、水が浸透しやすい。平野の地層に浸透した水は、ここで濾過《ろか》されてさらにおいしくなる。

そうした栃木県のおいしい水の代表格が、環境庁（現・環境省）の「名水百選」に選ばれた尚仁沢《しょうじんざわ》湧水と出流原弁天池《いずるはらべんてんいけ》湧水の二つである。

尚仁沢湧水は、クセがなくて飲みやすい軟水《なんすい》の天然のアルカリイオン水。年間を通して水温が一一度と一定しており、材料の味や香りを引き立ててくれる。たとえば、森戸酒造の「十一正宗《じゅういちまさむね》　尚仁沢湧水仕込」は、尚仁沢湧水を仕込み水として使っている。

出流原弁天池湧水は、佐野の市街地から北西約八キロメートルに位置する出流原弁天池の湧水。水温は年間をとおして一六度に保たれており、一日二四〇〇トンの豊富な湧水量を誇る。ミネラルをほどよく含む中軟水で、この水を仕込み水に使うと、まろやかな味わいの酒ができる。栃木県最古の蔵元として知られる第一酒造もこの出流原弁天池湧水の水を仕込み水として使っている。

日本酒において「水」はその八〇パーセントを占める重要な成分で、水がよくなければ日本酒を造るのは不可能といっても過言ではない。そうした意味で、栃木県のおいしい水は、何にも代え難い大自然のたまものといえるだろう。

第六章
「地名」が語り伝える栃木のルーツ

いったいどの説が本当なのか……諸説乱れ飛ぶ「栃木」の名の由来

江戸時代まで栃木県は下野国《しもつけのくに》と呼ばれていた。それが明治時代になると、現在の栃木県へと名前を変えるわけだが、そもそも「栃木」という地名は何に由来するのだろうか。

一八七一（明治四）年七月、廃藩置県《はいはんちけん》が行われると、下野国を構成していた藩はすべて県となり、宇都宮《うつのみや》県、足利《あしかが》県、佐野《さの》県といった一一の県が成立した。その後、同年一一月には一一の県が栃木県と宇都宮県の二県に統合される。一八七三（明治六）年六月には、栃木県と宇都宮県が合併して栃木県に統合され、現在の栃木県の形になった。

このとき県庁所在地として選ばれたのは、例幣使《れいへいし》街道の宿場町として、また水運の町として栄えていた現在の栃木市で、この地名が県名の由来になっている。では、そもそも栃木の語源は何かというと、いくつかの説が唱えられている。

まずあげられるのが「トチノキ説」だ。栃木市には巴波《うずま》川という川が流れている。江戸方面への物資輸送や南東北との流通の結節点として栃木市の発展を支えてきた巴波川の川辺には、トチノキがたくさん繁茂《はんも》していた。その「トチノキ」が転訛《てんか》して「トチギ」になったのではないかというのがトチノキ説である。
また、巴波川はしばしば洪水を起こし、地形がちぎれたことから「チギ（る）」に接頭語の「ト」をつけて「トチギ」になったという「地形説」もある。

トチノキ。この木が巴波川の川辺にたくさん生えていたところから、「栃木」の地名になったといわれる。現在、トチノキは県木として県民に親しまれている。

「十千木説《とおちぎ》」も興味深い。栃木市の中心部に「栃木のお伊勢様」と呼ばれる神明宮《しんめいぐう》が鎮座している。この神社の社殿の屋根にある二組の千木《ちぎ》と八本の鰹木《かつおぎ》が、遠方からは一〇本に見えた。そのため神明宮周辺は「十千木」と呼ばれるようになり、それが訛って「トチギ」になったというのだ。

神明宮の社殿。遠方からは2組の千木と8本の鰹木が10本に見えたことから、「十千木」と呼ばれ、それが転じて「栃木」になったという説もある（栃木市観光協会提供）。

もうひとつ、「遠津木《とおつき》説」という説もある。『古事記《こじき》』に登場する豊城《とよき》入彦命《いりびこのみこと》が、「木（毛）の国」と呼ばれていた栃木と「木（紀）の国」（現・和歌山県）をわかりやすく区別しようとし、遠く離れたところに位置する栃木には「遠く離れた木の国」という意味で「遠津木」と命名した。これが「トチギ」に転訛したのだという。いずれももっともらしく思えるが、どの説が正しいのかはわかっていない。

なお、栃木県の「栃」の字は漢字ではなく、日本で作られた国字である。県成立当初は正式には「橡」や「櫔」、通常は「杤」の字が使われていたが、それでは不便なので一八七九（明治一二）年に正式に「栃」の字になったという経緯がある。

「いろは坂」の坂の数は、かつては「いろは四八文字」より多かった!?

「いろは坂」は、日光市（細尾町）の馬返《うまがえし》と中宮祠《ちゅうぐうし》を結ぶ全長一五・九キロメートルの坂道。国道一二〇号線の一部でもある道路の沿線は、日光国立公園のエリアに含まれ、春は新緑、秋は紅葉など四季折々の彩りに包まれる。自動車で日光観光に出かける際には、外すことのできないスポットだ。

　歴史をさかのぼると、いろは坂はもともと「中禅寺道」と呼ばれており、男体山《なんたいさん》や中禅寺などへの登拝道《とはいどう》として用いられていた。その後、人々の往来が激しくなったことからそれまでの道路が改修され、一九五四（昭和二九）年に日本で二番目の有料道路として完成をみる。さらに一九六五（昭和四〇）年には、これとは別にもう一本の道路が建設された。こうして現在、「第一いろは坂」（六・四キロメートル）と呼ばれている下り専用の道路と、「第二いろは坂」（九・四キロメートル）と呼ばれている上り専用の道路ができた。

　さて、この坂が「いろは坂」と呼ばれるようになったのは、二つの坂にある四八のカーブの数を、「いろはにほへと……」の四八文字の音にたとえたことに由来するといわれる。

実際、いろは坂のカーブの数を数えてみると、第一いろは坂が二八、第二いろは坂が二〇あるので、合計四八になる。一方、「いろはにほへと……」の仮名文字は、「ん」を加えると四八文字になる。なるほど、どちらも四八で一致する。

だがじつは、いろは坂という名前は、第一いろは坂と第二いろは坂ができる前から存在していた。これはいったい、どういうことなのだろうか。

いろは坂と命名したのは、馬返と明智平《あけちだいら》を結ぶケーブルカー（現在は廃止）を運営していた日光登山鉄道の加藤彰で、昭和初期にはすでにその名が定着していた。当時、ケーブルカーから見えるつづら折りの新道は観光スポットとして話題になっていたが、加藤は坂の多さをさらにきわだてようとして、いろは四八文字と結びつけたのだという。

第一いろは坂と第二いろは坂からなるいろは坂ができたのは、その後のことだった。完成当初は五〇もの坂が存在していたが、それでは何かと都合が悪いということで、いろは四八文字に対応するように第一いろは坂の坂の数が二つ減らされた。

その結果、現在のいろは坂のカーブの数は「いろはにほへと……」の四八文字とぴったり一致しており、日光観光の見どころのひとつになっている。ドライブしていると彩り豊かなパノラマ風景にばかり目を奪われがちになるが、カーブごとに立っている「いろはにほへと……」の標識に目をやるのもおもしろい。

※いろは坂の48のカーブ

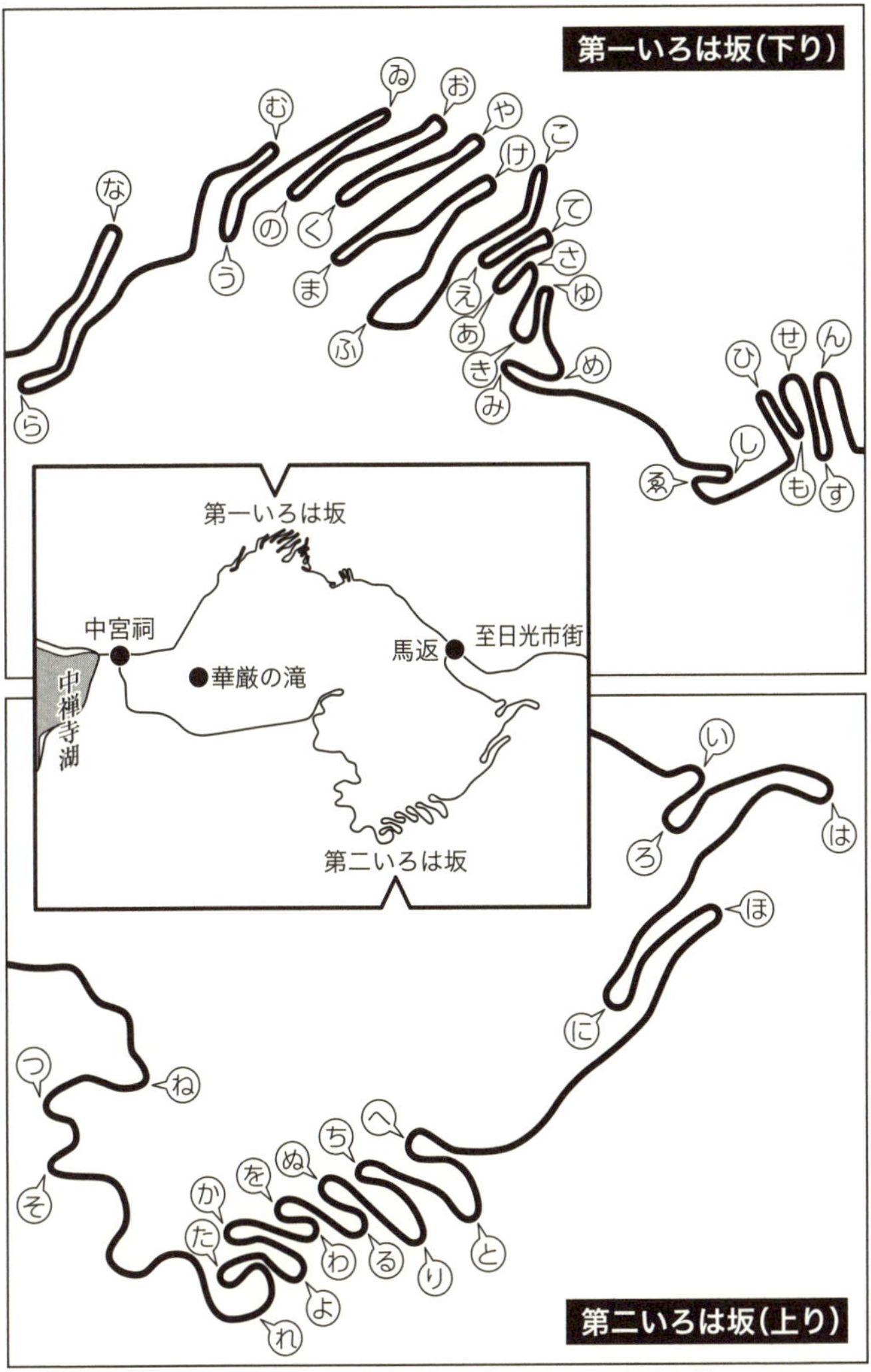

日光の「戦場ヶ原」ではその昔、どんな戦いが行われたのか？

日光市の中禅寺湖の北に「戦場ヶ《せんじょうが》原《はら》」という場所がある。標高一四〇〇メートルの高地に広がる四〇〇ヘクタールの大湿原で、男体山《なんたいさん》、太郎山《たろうさん》、山王烏帽子山《さんのうえぼしやま》、三岳《みつだけ》に囲まれている。二万年前には男体山の大噴火でせき止められてできた湖だったが、その後、周辺の山々から土砂が流れ込み、乾燥化が進んだことで湿原へと変わった。二〇〇五（平成一七）年には、奥日光の湿原としてラムサール条約登録湿地となっている。

さて、戦場ヶ原というからには、この地で何かしらの戦いがあったはずだ。それはどのような戦いだったのだろうか。

日光には「戦場ヶ原神戦譚《しんせんたん》」が伝えられている。それによると、下野国《しもつけのくに》（現・栃木県）の男体山《なんたいさん》（二荒山《ふたらさん》）の神と上野国《こうずけのくに》（現・群馬県）の赤城山《あかぎやま》の神の間で中禅寺湖をめぐる争いが起こった。男体山の神は大蛇に化け、赤城山の神は大ムカデになって戦った。

はじめは赤城山の神のほうが優勢だった。そこで男体山の神が鹿島大明神《かしまだいみょうじん》に相談したところ、「奥州《おうしゅう》に小野の猿丸《さるまる》という弓の名人がいるから、連れ帰って助けてもらうがよい」

幻想的な草原が広がる戦場ヶ原。このあたりで男体山の神と赤城山の神の戦いが行われたと伝えられている（一般社団法人日光市観光協会提供）。

との助言を得る。男体山の神はさっそく白鹿に化身して奥州に行き、猿丸を連れ帰った。

男体山の神と猿丸が戦場ヶ原に戻ると、蛇の大群とムカデの大群が互いに絡み合って戦っている真っ最中だった。

猿丸はムカデの大群を指揮している大ムカデが敵の大将と確信し、その左目をねらって弓を引いた。すると矢は見事に大ムカデの目に的中。大ムカデはもんどり打って逃げていった。かくして争いは男体山の神の大勝利に終わり、中禅寺湖は男体山の神の領土となった。

この戦いが戦場ヶ原の地名の由来となったといわれている。つまり、戦場ヶ原は神話にちなんだ名前なのだ。

なんともユニークな地名「おもちゃのまち」はどんな経緯で生まれた？

栃木名物かんぴょうの発祥の地として、またシンガーソングライター・斉藤和義《さいとうかずよし》や元AKB48・大島優子《おおしまゆうこ》の出身地として知られる壬生町《みぶ》には、「おもちゃのまち」という名の駅が存在する。駅だけでなく住所にもなっており、地図上では「おもちゃのまち1丁目」「おもちゃのまち2丁目」といった表示が、ごく普通になされている。店舗の名称も「ドコモショップおもちゃのまち店」とか、「栃木銀行おもちゃのまち支店」「おもちゃのまち郵便局」などのように表示されている。

なぜ、こんな変わった名前がつけられたのだろうか。じつは壬生町には、おもちゃ工場をたくさん集めたおもちゃの工場団地がある。駅名や住所はそれにちなんだものなのだ。

壬生町は一九六〇年代はじめまで農業中心の町だった。だが高度成長期に入ると、壬生町でも工場誘致の話がもち上がる。

壬生町は、工業化を推進していた県や沿線開発を計画していた東武鉄道と協力し、一九六二（昭和三七）年に東京の玩具メーカーの誘致を決定、その二年後には工場団地のための造成工事を開始した。そして一九六五（昭和四〇）年、バンダイをはじめとする一一の玩具メーカーの工場がこの町に移ってきたのである。

おもちゃのまち駅が新設されたのもこのときで、「おもちゃ工場の地にふさわしい夢のある駅になってほしい」との思いから、ひらがな表記にされたのだという。

一九七七（昭和五二）年には、「おもちゃのまち」の住居表示が実施され、正式な地名になった。さらに一九九五（平成七）年には壬生町国谷《くにや》に「壬生町おもちゃ博物館」が開館し、おもちゃのまち壬生を内外にアピールした。

近年は円高や少子化の影響もあり、おもちゃ業界は厳しい環境に置かれている。しかし、壬生町とおもちゃのまちは活気を失っていない。

二〇〇七（平成一九）年、バンダイは「おもちゃのまちバンダイミュージアム」をオープン。日本のおもちゃ約二万点、世界のおもちゃ約七〇〇〇点のほか、原寸大のガンダムや戦隊ヒーローなどのコレクションを展示し、多くの来場者を集めている。

壬生町も原寸大のガンダムの反響の大きさを見て、全長一八メートルのシャア専用ザクの実物大立像を制作する企画を立てている。制作と設置に必要とされる数十億円の費用がネックとなり、具体的に進展していないようだが、全国のガンダムファンは期待をもってシャアザク計画の動向を見守っている。

どこから測って五〇里？激動の歴史を有する「五十里湖」

一六八三（天和《てんな》三）年九月一日、栃木県北西部一帯をマグニチュード六・八から七・三クラスの大きな地震が襲った。日光大地震である。

地震は日光市にあった葛老山《かつろうやま》の大崩壊を引き起こし、崩れた土砂が男鹿川《おじかがわ》をせき止めた。この土砂崩れで崩壊した土砂の総量は推定六〇万トン。せき止められた男鹿川の水位はみるみる上がり、その地に存在していた村はわずか九〇日で水没、一五〇日間で巨大な湖が出現したのである。

湖の大きさは最大幅九〇〇メートル、長さ五・一キロで、水深は最大四七メートルあったといわれている。湖は「五十里湖《いかりこ》」と名づけられた。

しかしながら、なぜ五十里湖なのか。「五十里」というからには、どこかを基点にして距離を測ったはずだが、その基点はどこだったのだろう。

答えは、江戸日本橋である。湖ができた場所から江戸日本橋までの距離を測ったところ、ちょうど五〇里（約二〇〇キロメートル）あった。そこから、五十里湖と名づけられたのである。

ところが、五十里湖誕生から四〇年後の一七二三（享保《きょうほう》八）年、この湖は消滅してしまう。同年八月、降り続く豪雨で五十里湖の湖水堤が決壊、湖から大量の水があふれ出て、湖は形を失ってしまったのである。

さらに湖の決壊は大洪水を招いた。鬼怒川流域の多くの村々が押し流され、その被害は一〇〇キロメートル先の宇都宮にまで及んだ。二〇一一（平成二三）年三月一一日の東日本大震災の大津波のときのような光景が現出したのである。

ただし、大洪水がもたらしたのは不利益だけでなかった。水が削った谷は峡谷となり、水が引いた後に温泉が湧いたのである。これが現在の竜王峡《りゅうおうきょう》、川治《かわじ》温泉である。五十里湖の決壊、大洪水という一連の悲劇が鬼怒川観光の幅を広げることになった。なんとも皮肉な話である。

五十里湖にまつわる逸話はまだ終わらない。一九二六（大正一五）年、治水のためにダムが建設されることになった。このとき選ばれたのが、かつて五十里湖があった五十里地区で、初代の五十里湖より一キロほど上流に完成したダムは「五十里ダム」と名づけられた。とはいえ、このダム湖もまた五十里湖と呼ばれ、現在は二代目五十里湖とみなされている。

全国各地にある「さくら」のつく地名が栃木県にも誕生した！

桜は日本の国花のひとつであり、日本人は桜の花が大好きだ。それゆえ、地名にも「さくら」がつくものがたくさんある。たとえば、関東地方では埼玉県さいたま市桜区、茨城県桜川市などがあげられる。

そしてもうひとつ、栃木県にも「さくら」のつく地名が存在する。二〇〇五（平成一七）年に塩谷《しおや》郡の氏家《うじいえ》町と喜連川《きつれがわ》町が合併してできたさくら市である。

旧氏家町の歴史は古い。鎌倉時代初期に登場した宇都宮氏の流れをくむとされる名門・氏家氏をルーツとし、江戸時代に入ると氏家の町は奥州街道《おうしゅうかいどう》の宿場町として、また江戸に通じる水上交通の要路として大きく発展した。一方、旧喜連川町も歴史がある。鎌倉時代から室町時代にかけては塩谷氏が、それ以降は足利氏の流れをくむ古河《こが》公方《くぼう》が喜連川氏を名乗り、およそ二八〇年にわたってこの地を統治した。江戸時代には城下町として、また喜連川を五街道のひとつである奥州街道が通ったことから宿場町としてにぎわった。

この歴史と伝統のある町同士が合併するとき、両町は一対一の対等合併にこだわり、新しい市名を決めることになった。

一般公募によって集まった上位の候補は「氏川市《うじかわ》」「氏喜市《うじき》」「さくら市」「桜市」「みどり市」の五つで、このなかから「さくら市」、両町名を一文字ずつ入れた「氏喜市」、郡名にちなんだ「塩野谷市《しおのや》」の三つが最終候補に選ばれた。そして両町で設置した合併協議会委員による投票の結果、「氏喜市」と「塩野谷市」が各一票、残り一七票が「さくら市」に集まり、新市名は「さくら市」に決まったのである。

さくら市の市名は何に由来するのかというと、旧氏家町、旧喜連川町とも桜になじみのある土地柄で、桜の景勝地が多いからだという。なるほど、氏家には勝山《かつやま》城址の桜や鬼怒《きぬ》川堤防の桜堤があり、喜連川には県道佐久山《さくやま》、喜連川線の桜並木、お丸山《まるやま》公園の桜があるから、桜に縁深い土地柄というのは納得がいく。

ただし市民のなかには、氏家町にはそれほど桜はないのではないかといった感想をもっている人もいる。紀行エッセイストの竹内正浩氏も著書『日本の珍地名』（文藝春秋）のなかで、両町の桜は全国的な名所に選ばれているわけではない、「さくら」のつく地名が増えることで混乱する、といった意見を述べている。批判の声も少なくないのだ。

はたして、桜の花のような美しい町になって欲しいというさくら市の願いは通じるのか。今後の動向が注目される。

「鬼怒川」の名称は栃木独特のなまりから生まれた？

栃木県民は独特の方言を話す。栃木なまりの有名人といえば、タレントのU字工事《ゆーじこうじ》やつぶやきシロー、ガッツ石松などを思い浮かべる人が多いだろう。彼らのなまりは少し極端だとしても、だいたいあのような感じのなまりだと思って間違いはない。

栃木なまりの特徴を具体的にあげると、①アクセントがない（「橋」と「箸」が同じ）、②尻上がりの話し方になる、③濁音が多い（「かく（書く）」→「カグ」）、④「アイ」が「エー」になる（「見ない」→「ミネー」）、⑤「イ」と「エ」の発音が逆（「エスカレーター」→「イスカレーター」）などがある。

こうした栃木なまりが原因で命名されたのではないかといわれているのが「鬼怒《きぬ》川」だ。

鬼怒川は、日光市の鬼怒沼に水源をもち、栃木県の北西部から中央部を縦断したあと茨城県に入り、利根《とね》川に合流する川。流路延長一七六・七キロを誇る、県内最大の川だ。上流の日光には温泉郷があり、観光地としても世界にその名を轟《とどろ》かせている。

この鬼怒川の名称が栃木なまりとどう関係があるのだろう。

かつて栃木、群馬の一帯は「毛野国《けぬのくに》」と呼ばれていた。その国を流れる川なので、鬼怒川は「毛野川《けぬのかわ》」といった。

ここで先に述べた栃木なまりの特徴⑤を確認してほしい。栃木県民は、「イ」と「エ」の発音を逆にする傾向にある。これを毛野川に当てはめてみると、「けぬ」が「きぬ」に変わる。つまり、「けぬかわ」の発音が「きぬがわ」になり、やがて漢字表記も「鬼怒川」と書かれるようになったのではないかと考えられているのである。

もちろん、これは推測にすぎない。しかし、栃木県民のなまりっぷりを考えれば、事実であっても不思議ではない。

ただ、鬼怒川の名称の由来については、ほかにも多くの説がいわれている。たとえば、鬼怒川はしばしば氾濫し、まるで鬼が怒ったようになることから、「鬼の怒る川」→「鬼怒川」になったという説がある。

また、絹の産地を流れていたことから「衣川」「絹川」と呼ばれ、それが鬼怒川になったという説もある。実際、鬼怒川の流域には絹（現・小山市）、絹板（現・下野市）、絹島（現・宇都宮市）など、「絹」のつく地名がいくつか見られる。さらにアイヌの古語でケヌは「葦《あし》の野原を流れる川」を意味するといわれ、そこから派生して川の名称ができたという説もある。真相は不明だが、鬼怒川が大きな繁栄をもたらしているのは事実だ。

知っていた？「旧二宮町」の由来となった二宮尊徳は栃木出身ではない！

少し前まで、どの小学校にもまきを背負って本を読む二宮尊徳《にのみやそんとく》（金次郎《きんじろう》）の像が立っていた。最近は「歩いて本を読むのは危険」とか「子どもが働くのはどうなのか」といった批判の声を受けて撤去する学校が増えているが、像を置いたままの学校も少なくない。

その尊徳は栃木県との縁が深い。かつて芳賀《はが》郡にあった二宮《にのみや》町（現・真岡《もおか》市）は、彼にあやかって町名をつけているほどである。県民から大きな尊敬を集めている彼の業績は、次のとおりだ。

尊徳は一八二三（文政《ぶんせい》六）年、下野国桜町領《さくらまちりょう》（旧二宮町周辺）に赴任した。当時の桜町領は、農作物の石高《こくだか》も全盛期の三分の一にまで落ち込み、手のほどこしようのないほどの惨状だったといわれている。

そこで尊徳は用水路を整備したり、荒れ地の開墾《かいこん》を推進。その一方で、貧しい農民にはカネを貸し与え、また働き者の農民にはすすんで褒美《ほうび》を与えるという実利的な政策をとり、再建事業を進めていった。一八三三（天保四）年には、飢饉《ききん》が起こることをいち早く察知し、農民たちに稗《ひえ》の備蓄を命じる。尊徳の予想通り、飢饉は数年にわたって続き、なんの備えもしなかった農村では多数の死者を出したが、尊徳の教えを守った桜町領の農民はひとりも死なずにすんだという。

その後も尊徳の元には茂木《もてぎ》藩や烏山《からすやま》藩などから再建依頼が殺到したが、一八五三（嘉永《かえい》六）年に幕府から日光領の再建を命じられると今市《いまいち》（現・日光市）に転居、そこで病のために七〇歳の生涯を閉じることになる。

桜町領の農民にとって、みずから先頭に立って再建事業を行い、天災対策までしてくれた尊徳は、恩人以外の何者でもなかった。そこで彼らの子孫は一九五四（昭和二九）年、町村合併の際に尊徳の遺徳にあやかって、町名を二宮町としたのである。

二宮尊徳の銅像。尊徳は旧二宮町の町名の由来になっているが、出身地は栃木県ではなく、神奈川県である。

ただし、ここで勘違いしてはいけない。栃木県には尊徳を栃木県出身だと思っている人が多いが、そうではない。彼の出身地は神奈川県の小田原《おだわら》市だ。彼は小田原藩主の命によって栃木県へやってきたのであり、栃木県生まれではないのである。

栃木が世界に誇る観光地「日光」その名づけ親は弘法大師だった？

栃木県には観光名所がたくさんあるが、「日光《にっこう》」は別格だ。
まず中禅寺湖《ちゅうぜんじこ》や華厳《けごん》の滝、戦場ヶ原に代表されるように自然が豊か。江戸文化を肌で感じられる日光江戸村や、世界中の観光名所のミニチュアを集めた東武ワールドスクウェアなど、比較的新しいレジャー施設も多い。さらにヘレン・ケラーやアインシュタイン、イギリス皇太子なども宿泊した日光金谷《かなや》ホテル、奥日光にある名湯・湯元《ゆもと》温泉、そして世界遺産に指定されている「日光の社寺」といった伝統的観光スポットもそこかしこに点在している。古くて新しい日光は、栃木県が世界に誇る観光地なのだ。
しかし日光について、栃木県民にもほとんど知られてないことがある。それは、日光という地名の由来である。諸説あるなか、最もよく知られているのが、真言《しんごん》宗の開祖・弘法《こうぼう》大師《だいし》こと空海《くうかい》を名づけ親とする説だ。
もともとこの地域は「二荒《ふたら》」と呼ばれていた。しかし、二荒山《ふたらさん》（男体山）にのぼった空海から、「二荒の文字はよくない」と指摘されたため、「二荒」と書いて「にこう」と読むようにし、さらに「日光」の字をあてることにした。こうして「二荒」から「日光」への改名がなされたというのである。

　そもそもなぜ、この地が二荒と呼ばれるようになったのかというと、観音《かんのん》菩薩《ぼさつ》が住むと考えられている浄土《じょうど》「補陀洛山《ふだらくさん》」に由来するといわれる。補陀はサンスクリット語で発音すると、ポタラク、プタラクになり、それがフタラク、フタアラに転じたとする説が最も有力である。

弘法大師こと空海の像。日光の地名は、彼の指摘によって「二荒」から「日光」に改名されたともいわれている。

　また、男体山と女峰山に男女の二神があらわれたことから「二現《ふたあらわれ》」、それが転じて二荒になったとする説や、アイヌ語で熊笹《くまざさ》をあらわす「フトラ」が音韻変化したという説など、さまざまな説が存在する。そしてその真相は、今も確定していないというのが実情である。

とくにカラスが多いわけでもないのに、なぜ「烏山」となったのか？

栃木県東部、県都・宇都宮市から三五キロメートルほど離れたところに那須烏山《なすからすやま》市がある。二〇〇五（平成一七）年に那須郡の南那須町と烏山町が合併して誕生した新しい市で、那珂川《なかがわ》の観光などが有名だ。

この那須烏山市のうち旧烏山町は、山に囲まれた盆地に位置する。周辺のどの町からどう行こうにも山に隔てられていて、孤立した要塞のように見える。

山がちな地形とその名前からは、さぞかし多くのカラスが生息している町なのだろうと想像されるが、必ずしもそうではない。旧烏山町の名前は、城造りの際の逸話に由来し、次のような伝説が伝えられている。

一五世紀前半、那須地方に那須資之《なすすけゆき》という殿様がいた。だが、その弟・資重《すけしげ》のほうが兄よりもずっと賢く、家来たちにも慕われ人望も高かった。

このままでは弟にその座を奪われるとおそれた兄の資之は、弟の資重をひそかに殺害しようと考える。計画を知った資重は、城を捨てて烏山の稲積《いなづみ》という小さな城へ逃げ込んだ。

ところが、資重を慕う家来たちが彼の後を追うようにして城に集まってきたため、どうしても大きな城が必要になった。

世は戦乱の時代。敵は兄だけとは限らない。新たに築城するなら大勢の敵が攻め込んできても平気な堅固な城をつくらなくては……。

資重はそう考え、那珂川の支流が合流するあたりに位置し、山で周辺のどの町からも隔離された場所を城の建設地に選んだ。

さて、いよいよ城づくりの準備をしているときのことだった。一羽のカラスがどこからか飛んできて、那珂川西岸の最も高い山の頂きに金の幣束《へいそく》を落とした。これを見た資重は、カラスが熊野権現《くまのごんげん》の遣いに違いないと信じ、そこに城を建てることに決めたのである。

城域は東西およそ三七〇メートル、南北五一〇メートル、面積およそ八八ヘクタールにおよぶ広大なもの。五城三郭と呼ばれる主要部から成り、防御施設としての空堀《からほり》や堀切りなどもしっかりとつくられた。

こうして完成した城は、烏山城と名づけられ、「烏山」という地名が生まれた。烏がたくさん生息しているから烏山というわけではないのである。

現在、城跡はうっそうとした杉林に覆われているが、空堀、土塁、石垣などの遺構は良好な状態で保存されており、県内屈指の山城として多くの観光客をひきつけている。

◉取材協力

栃木県／宇都宮市／日光市／高根沢町／真岡市／那須塩原市那須町／足利市／栃木市／栃木市藤岡歴史民俗資料館／真岡鐵道／井頭公園管理事務所／オリオン通り商店街振興組合／さくら市／氏家商工会／喜連川商工会／日光自然博物館／とちぎ海浜自然の家／作新学院／ＪＲ東日本／宇都宮餃子会

◉参考文献

『図説 栃木県の歴史』阿部昭 永村眞編（河出書房新社）／『角川日本地名大辞典９ 栃木県』角川日本地名大辞典編纂委員会（角川書店）／『小京都を訪ねる旅』全国京都会議監、『日光東照宮の謎』高藤晴俊（講談社）／『日本百名山』深田久弥、『戦国武将を育てた禅僧たち』小和田哲男（新潮社）／『観光地「お宝遺産」散歩』佐滝剛弘（中央公論新社）／『県民百年史９ 栃木県の百年』大町雅美、『県史９ 栃木県の歴史』阿部昭ほか、『資料で読みとく群馬の歴史』群馬県歴史教育者協議会（山川出版社）／『日本の戦争遺産』戦争遺跡保存全国ネットワーク編著、『日本歴史地名体系第九巻 栃木県の地名』、『東大寺』西山厚監（平凡社）／『郷土史事典 栃木県』新川武紀編（昌平社）／『大名の日本地図』中嶋繁雄、『日本の珍地名』竹内正浩（文藝春秋）／『全国「一の宮」徹底ガイド』恵美嘉樹、『「県境」の秘密』秋山忠右 中原淳（ＰＨＰ研究所）／『栃木の日帰り名瀑ガイド』下野新聞社編、『とちぎロマンぶらり旅』とちぎの小さな文化シリーズ企画編集会議編、『歴史民俗探訪』とちぎの小さな文化シリーズ企画編集会議編、『宇都宮を10倍楽しむ本 宮のもの知り達人検定テキストブック２』宮のもの知り達人検定実行委員会、『日光パーフェクトガイド』日光観光協会監、『続・栃木県のミステリー』小平豊 大森英幸編著（下野新聞社）／『那須のゆりがね』栃木県教育委員会 栃木県立なす風土記の丘資料館編（栃木県教育委員会）／『日曜散歩 うつのみやの歴史再発見』塙静夫（随想舎）／『日本の地名・都市名 これだけ知っていれば面白い』今尾恵介、『大研究 日本の道路１２０万キロ』平沼義之、『知らなかった！ 驚いた！ 日本全国「県境」の謎』『知らなかった！「県境」「境界線」92の不思議』『えっ？ 本当?! 地図に隠された日本の謎』浅井建爾（実業之日本社）／『栃木県謎解き散歩』福田三男編著、『日本の不思議！ 全国飛び地と境界線地図』インパクト、『徳川埋蔵金検証事典』川口素生（新人物往来社）／『栃木のおきて』栃木県民地位向上委員会編著（アース・スターエンターテイメント）／『日本の地誌６ 首都圏Ⅱ』

齊藤功ほか編（朝倉書店）／『あなたの知らない栃木県の歴史』山本博文監、『思わず人に話したくなる栃木学』県民学研究所（洋泉社）／『全国保存鉄道Ⅲ　東日本編　鉄道史を飾った栄光の車両たち』白川淳（ＪＴＢ）／『楽楽　関東①　日光・那須・栃木』、『皇室の邸宅』鈴木博之監 和田久士写真（ＪＴＢパブリッシング）／『宇都宮駅１００年史』（日本国有鉄道宇都宮駅）／『鉄道・車両の謎と不思議』梅原淳（東京堂出版）／『これでいいのか栃木県』岡島慎二 土屋幸仁編（マイクロマガジン社）／『栃木県の歴史』栃木の歴史研究会著 久保哲三監（光文書院）／『群馬の古代史』松島榮治（みやま文庫）／『歴史鉄道　酔余の町並み』米山淳一（駒草出版）／『歩く地図Ｎｉｐｐｏｎ３ 日光・那須・尾瀬』あるっく社編集部編（山と溪谷社）／『写真でわかる きもの用語辞典』森荷葉監（ナツメ社）／『下野と親鸞』今井雅晴（自照社出版）／『日本の埋蔵金１００話』八重野充弘（立風書店）／『日本の迷宮50』丸山佑介（鉄人社）／『ニッポン地下観光ガイド』小島健一（アスペクト）／『レッツゴー！栃木』U字工事（ランダムハウス講談社）／『鉄道の旅 関東・甲信越編』松尾定行（こうき社）／『廃線探訪』鹿取茂雄（彩図社）／『Ｔｈｅ Ｒｕｉｎｓ Ｂｏｏｋ 廃墟本』中田薫 中筋純（ミリオン出版）／『戦国時代の足利将軍』山田康弘（吉川弘文館）／『佐野ラーメン食歩記』（星雲社）／『ある郷土料理の１０００年』松本忠久（文芸社）／『関東・甲信越　とっておきの名水』南正時（淡交社）／『こうして新地名は誕生した！』楠原佑介（ＫＫベストセラーズ）／『ささ、日本百名祭へ』重森洋志 三島宏之（書苑新社）／「ナンバー」／「週刊ダイヤモンド」／「週刊鉄道の旅」／朝日新聞／毎日新聞／読売新聞／産経新聞／日本経済新聞／東京新聞／スポーツニッポン／ヨコハマ経済新聞／下野新聞

◉ウェブサイト

総務省／国土交通省／農林水産省／宮内庁／ＮＨＫ／栃木県／栃木県内各市町村・観光協会／茨城県／千本松牧場／那須野田園空間博物館／近代土木遺産／栃木県民公園福祉協会／全国土地改良事業団体連合会／那須野ヶ原博物館／オリオン通り商店街振興組合／那須町工芸振興会／宇都宮地方気象台／バンダイミュージアム／夢創造／鷲子山上神社／餃子ＷＥＢ／渡良瀬遊水地アクリメーション振興財団／大谷資料館／梅小路蒸気資料館

監　修

篠﨑茂雄（しのざき しげお）

1965年、栃木県宇都宮市生まれ。宇都宮大学大学院教育学研究科社会科教育専修修了。栃木県立足利商業高等学校、同喜連川高等学校の教諭を経て、1999年より栃木県立博物館に。現在は同館特別研究員。民俗研究、とくに生活文化や祭り、芸能等を専門とし、1999年「麻～大いなる繊維～」、2004年「結城紬～紬織りの技と美～」、2008年「野州麻の生産用具-道具が語る麻づくり」などの企画展を担当。著作（共著）に『栃木民俗探訪』（下野新聞社）などがある。

※本書は書き下ろしオリジナルです。

じっぴコンパクト新書　218

意外《いがい》と知《し》らない栃木県《とちぎけん》の歴史《れきし》を読《よ》み解《と》く！
栃木《とちぎ》「地理《ちり》・地名《ちめい》・地図《ちず》」の謎《なぞ》

2014年11月13日　初版第1刷発行

監　修……………**篠﨑茂雄**
発行者……………**村山秀夫**
発行所……………**実業之日本社**
〒104-8233　東京都中央区京橋3-7-5　京橋スクエア
電話（編集）03-3562-4041
　　（販売）03-3535-4441
http://www.j-n.co.jp/
印刷所……………**大日本印刷株式会社**
製本所……………**株式会社ブックアート**

ISBN978-4-408-45532-7（趣味・実用）